김세윤 박사에게 묻다
바른 신앙을 위한 질문들

김세윤 박사에게 묻다
바른 신앙을 위한 질문들

지은이 · 김세윤
초판 발행 · 2015. 10. 12
19쇄 발행 | 2023. 8. 10.
등록번호 · 제1988-000080호
등록된 곳 · 서울특별시 용산구 서빙고로65길 38
발행처 · 사단법인 두란노서원
영업부 · 2078-3352 FAX 080-749-3705
출판부 · 2078-3331

책 값은 뒤표지에 있습니다.
ISBN 978-89-531-2390-8 03230

편집부에서 독자의 의견을 기다립니다.
tpress@duranno.com   http://www.duranno.com

김세윤 **박사**에게 묻다

바른 신앙을 위한
질문들

두란노

이 책은 주로 필자가 여러 해에 걸쳐 여러 기독교 잡지와 신문들과 한 인터뷰와, 그것들에 기고한 몇 개의 기사를 모아 구성한 것이다. 그들 중 상당수는 여러 해 전 당시 〈목회와 신학〉의 기자였던 박삼열 목사님이 모아 책으로 출판하기를 원했던 것들이다. 당시 필자는 그렇게 할 가치가 없을 것으로 보고 만류하여 박 목사님은 그것을 더 이상 추진하지 않았다. 그러다가 지난봄에 두란노의 송미영 본부장, 남희경 부장 등 새 편집자들이 그 글들과 그 이후의 여러 글을 모아 책으로 내면 현재 어려워진 한국 교회의 성도들, 특히 혼탁해진 신학과 윤리의 상황 속에서 그래도 진지하게 신앙생활을 하고자 하는 평신도들에게 많은 도움을 줄 수 있을 것이라며 필자를 설득하였다.

그러면서 그들이 몇 가지 질문을 더하여 그것에 대한 필자의 답을 새롭게 추가하였다. 이렇게 하여 이루어진 책이라 여러 글들 간에 중복이 많아 독자들에게 미안한 마음이 든다. 그러나 그런 중복이 있게 된 이유 중 하나는 바로 그렇게 중복된 내용들이 한국 교회의 성도들에게 현재 절실한 사안들이어서, 여러 질문이 필자로 하여금 비슷한 내용을 답에 포함하도록 했기 때문이다. 그러므로 그 중요한 주제들이 반복을 통하여 강조된 셈이라고 너그러이 봐 주시면 감사하겠다.

　여기 모은 인터뷰 기사들이 대부분 미리 치밀하게 계획되고 준비된 것이 아니라, 필자가 지난 수년간 한국에 가서 잠깐씩 머무르는 동안 순발적으로 이루어진 인터뷰들이고, 심지어 때로는 이동 중 차 속에서, 때로는 전화로 하게 된 인터뷰들을 기사화한 것들이어서, 많이 다듬어야 할 필요가 있었다. 그래서 이번 출간을 계기로 두란노의 편집자들이 일부 다듬고, 그 후 필자가 여기저기 보충 설명을 덧붙이기도 하고, 다루는 문제들의 오늘의 정황을 반영하기도 하는 등 약간 손질을 하였다. 더 철저히 정리하여 독자들로 하여금 더 편안하게 읽도록 하지 못한 것이 아쉽다. 그러나 대부분의 순발적 인터뷰들의 생동감이 남아 전달된다면 불행 중 다행일 것이다.

이런 저런 약점들 때문에 이 책의 출판을 많이 주저하였지만, 두란노의 동역자들과 몇 지인들의 강력한 권고를 물리치지 못하고 이렇게 출판하게 되었다. 그들의 바람대로 이 부족한 책이 바르고 성숙한 신앙생활을 위하여 진지하게 노력하는 한국의 성도들에게 조금이나마 도움이

되었으면 좋겠다. 더 나아가 잘못된 신학과 영성과 윤리로 부패하고 급
격히 쇠락해 가는 한국 교회의 갱신과 성숙에 조금이나마 이바지하기
를, 그리하여 교회가 암울한 한국 사회에 '소금과 빛' 노릇을 하게 되기
를 빈다.

끝으로, 여러 글을 이 책에 모아 재출판할 수 있도록 허락해 주신 그
들의 원래 출판 신문들, 잡지들, 출판사들 등에 감사 드린다. 또 이 책
의 출판을 위해 수고하신 두란노의 동역자들에게 감사 드린다.

2015년 10월
김세윤

contents

1

믿음과
신앙에
대하여

Chapter 1

Q
한번 구원받은 사람이라도
그 구원을
잃어버릴 수 있나요? [1]

성경은 두 가지를 다 가르치고 있다. 하나는 신실하신 하나님은 우리를 끝까지 지켜 주신다는 것이다. 그러나 우리가 하나님의 통치에 계속 등을 돌리고 죄를 지으면 구원의 완성을 받지 못하고 탈락할 수 있다. 하나님은 우리를 지키시려 계속 은혜를 베푸신다. 설교 말씀이나 아침에 묵상하는 말씀을 통해서도, 선생이나 친구의 조언을 통해서도, 사회의 법이나 예술 작품 등을 통해서도 성령께서 우리에게 하나님의 뜻을 상

---

1 〈미주뉴스앤조이〉, "믿음으로 구원받는다는 것은?"(2014년 6월 18일, 양재영 기자).

기시키며 사단의 유혹에 빠지지 말고 하나님의 선한 뜻을 좇아 진실하고, 의를 행하며, 사랑을 베풀며 살라고 요구하시고 그렇게 할 수 있도록 믿음도 주신다. 그리고 최후의 심판 때는 그의 아들 우리 주 예수 그리스도의 중보를 통하여 우리의 구원을 온전히 이루어 주신다. 이렇게 하나님은 우리를 신실히 지키신다.

그러나 또한 성경은 우리가 하나님의 은혜에 등을 돌리고 계속 사단의 종 노릇을 하면서 타락의 길, 곧 거짓과 불의 등 악을 행하는 길을 가면 되돌아올 수 없는 낭떠러지에 떨어질 수 있다고 엄중하게 경고하고 있다. 이것이 성경이 가르치는 다른 한 가지다. 바울은 고린도전서 10장에서 출애굽하여 구원의 첫 열매를 얻은 이스라엘 백성이 약속의 땅, 구원의 땅 가나안을 향해 가면서도 광야에서 하나님께 불순종하여 결국 다 죽은 것을 상기시키면서, 그것이 우리를 향한 경고의 예라고 말하고 있다. 신약성경에는 최후의 심판 때 하나님께서 우리를 우리의 행위대로 심판하실 것임을 가르치면서 구원에서 탈락할 가능성을 경고하는 구절들이 곳곳에 있다. 그러나 그런 본문들은 무시하고, 로마서 8장 31-39절 같은 본문들만 일방적으로 강조되니, 성도들이 하나님의 최후 심판을 두려워하지 않고 쉽게 죄를 짓는 삶을 살도록 오도되는 것이다.

우리가 성도의 견인론(하나님께서 성도들을 끝까지 지켜 주심)과 타락이나 탈락에 대한 경고, 즉 성경의 이 두 가지 상반된 가르침에 대해 어느 쪽도 약화시키지 않고 상호 논리적 긴장을 의식하는 가운데 함께 견지하는 것이 건전한 신앙이다.

* 더 자세한 설명은 필자의 책《칭의와 성화》에서 볼 수 있다.

성경적인 구원이란 무엇인가 [2]

한국 교회 위기의 원인은 '신학적 타락'과 '도덕적 부패'다. 그동안 한국 교회는 구원을 지나치게 단순하게 가르쳐 왔다. 그리스도를 믿으면 하나님의 은혜로 죄사함을 받고 의인이라 칭함을 받으며 종말에 구원의 완성을 받는다고만 가르쳐 온 것이다. 이렇게 믿음으로 칭의를 얻은 후 의의 열매를 맺는 삶을 살면 좋지만 그렇게 살지 못해도 구원과는 별 상관이 없다는 오해가 한국 교회에 만연하다.

구원을 죄사함의 측면만이 아니라 '이제 하나님의 통치를 받는 사람이 되었다'는 하나님과 관계 회복의 측면으로도 이해해야 한다. 의인이 되어 하나님의 주권 아래로 들어왔으니 하나님의 통치를 받아야 한다는 의식을 갖고 살아야 한다. '의인'이란 '하나님과 올바른 관계에 서 있는 사람'이라는 뜻이다. 하나님의 통치를 받는 사람이다. 그러므로 '의인'이라 칭함 받은 사람은 하나님께 순종해야 한다. 예수께서는 우리에게 하나님의 계명을 두 가지로 요약하셨다. 하나님을 혼신을 다해 사랑하고, 네 이웃을 네 몸과 같이 사랑하라는 것이다. 그러니 '칭의'된 사람은 일상생활에서 이 '이중사랑계명,' 즉 '그리스도의 법'(고전 9:21)을 지키며 살아야 하고, 그리하여 '의의 열매'(빌 1:11)를 맺어야 하는 것이다.

---

2 CTS, "바른 구원관은"(2014년 5월 21일, 박새롬 기자).

바울의 칭의론을 올바로 이해하자 [3]

아이러니하게도 종교개혁의 근거가 되었던 바울의 칭의론이 한국 교회가 부패하는 원인이 되었다. 한국 교회가 바울의 칭의론을 왜곡했기 때문이다. 한국 교회는 교인들에게 믿으면 무조건 구원받는다고 강조했고, 이는 행위 없는 믿음을 갖게 했다. 많은 기독교인들은 뇌물을 주고받고, 비리를 저지르고, 사기치고, 탈세하며, 불의한 자를 감싸고 약한 자를 억압하는 등 이웃에 해코지하고 공동체에 해악을 가져다주면서 자기 이익을 추구하여도 예수를 믿기만 하면 구원받을 수 있다고 생각한다. 그러나 성경 어디에도 그런 가르침은 없다. 그러므로 이런 기독교인들은 '참 기독교인들'이 아니라 '개독교인들'이고, 그렇게 가르치는 사람은 목사가 아니라 '먹사'다.

한국의 기독교인들이 왜 이렇게 잘못된 구원론을 갖게 되었을까? 그것은 가장 기본적으로 많은 목사들이 성경과 신학에 대한 이해가 깊지 못하여, 구원을 겨우 '사영리' 수준으로 가르치고 말기 때문이다. '그리스도를 영접한다'는 말의 의미를 계속 더 깊이 그리고 구체적으로 새겨 주지 않고, 그냥 '너 자신이 죄인인 것을 인정하고, 그리스도를 영접한다고 말(만)하면 구원받는다' 정도로만 가르치기 때문이다. 그래서 한국의 많은 기독교인들이 사실상 구원파와 다를 바 없이 믿고 사는 것이다. 의로운 행위를 동반하지 않는 믿음을 가르치고, 그런 믿음으로 한 번 얻은 구원은 영원한 구원이라고 가르치니, 교인들이 '선한 열매'(마 7:15-20), '의의 열매'(빌 1:11; 롬 6:22), 곧 '성령의 열매'(갈 5:22-23)를 맺는 신앙생활을

---

3 〈뉴스앤조이〉, "교회 개혁, 삐뚤어진 칭의부터 바르게"(2011년 11월 9일, 김태완 기자).

잘하겠는가?

종교개혁의 후예임을 자랑하며 '이신칭의'(以信稱義, 믿음으로만 의인이라 칭함을 받음)를 복음의 정수로 강조하는 한국의 개신교는 사실상 의로운 삶이 없는 칭의론, 아니 의로운 삶을 방해하는 칭의론을 가르쳐, 의롭지 못하면서 (즉 불의하면서) '의인'이라 자처하는 사람들을 양산한 것이다.

구원론을 겨우 '사영리' 수준으로 가르치는 한국 교회는 교인들에게 요구하는 신앙생활도 겨우 주일 성수, 헌금, 전도, 이 세 가지다. 목사들이 복음을 올바로 선포하고, 올바른 믿음을 가르치며, 복음에 합당한 삶을 앙양하여 개개 신자들을 성숙한 성도로 키우고, 교회를 거룩하고 의로운 성도들의 공동체, 세상에 소금과 빛이 되는 공동체로 성장시키기보다는 그저 교인 수만 늘려 양적 '교회 성장'을 도모한다. 이런 목사들은 신자들로 하여금 이 세 가지에 전념하도록 '사후 상급' 교리를 강조하기도 한다.

그것들만 잘하면 무슨 불의를 저지르든 구원은 확실히 받고, 천국에서 상급까지 받는다고 가르치니, 이것이 중세 로마 가톨릭교회가 팔았던 면죄부와 무엇이 다른가?

한국 교회의 개혁을 위해서는 근본적으로 바울의 칭의론을 제대로 이해해야 한다. 칭의는 우리가 그리스도의 죽음과 부활에 나타난 하나님의 은혜를 믿음으로 의인이라 칭함 받는 것인데, 그것은 죄사함 또는 무죄 선언을 받음과 함께 하나님과의 올바른 관계에 들어감, 즉 하나님 나라에로 들어감을 의미한다. 그러므로 칭의는 하나님 나라의 새로운 백성이 됨과 동의어다. 그래서 바울의 칭의의 복음은 예수님이 전하신 하나님 나라의 복음의 새로운 표현인 것이다. 그러므로 의인이라 칭함 받은 사람들은 종말에 최후의 심판에서 그들의 '칭의'(구원)가 완성될 때까지 하나님 나라 백성으로서 하나님의 통치를 받는 삶을 살아야 한다. 즉 하나님 나라의 법(이중사랑계명)을 지키면서 사는 것이다. 그것은 산상수훈(마 5~7장)의 가르침을 따르는 것이며, 이것이 한국 교회를 개혁하는 길이다.

산상수훈의 서두, 이른바 '팔복' 부분은 예수께서 자신의 하나님 나라 복음을 받은 제자들에게 하나님 나라의 백성이 되어 종말에 완성될 하나님 나라에서 구원받게 되었음을 복된 일이라고 축하하시는 부분이다. 그런데 '복'을 좋아하는 한국의 그리스도인들은 명동이나 강남의 금싸라기 '땅' 등을 주신다고 약속하는 것으로 오해하면서 오로지 '복'에 관심을 집중시키는데, 그 부분에서 정작 우리가 관심을 집중해야 하는 것은 여덟 가지로 그려진 하나님 백성의 품성이다. 즉 '마음이 가난한 자, 애통해하는 자, 온유한 자, 의에 주리고 목마른 자, 자비로운 자, 마음이 청결한 자, 화평을 도모하는 자, 의를 위해 핍박받는 자'가 그것이다.

그리고 예수께서는 자신이 새롭게 창조하고 모은 하나님 나라 백성(교회)의 정체성을 '세상의 소금과 빛'이라는 그림언어들로 정의하신다. 그러고는 본론에서 하나님 나라의 백성이 위와 같은 품성을 갖고 정체성을 유지하기 위해서는 하나님의 법을 바리새인과 서기관 식으로가 아니라 예수께서 새롭게 가르치신 식으로 온전히 지켜 그들의 것보다 더 큰 의를 이루어야 한다고 요구하고(마 5:17-20), 그러기 위해서는 사랑의 이중계명, 하나님 사랑과 이웃 사랑을 어떻게 철저히 지켜야 하는가를 가르친다. 그리하여 '선한 열매'를 맺어야 한다는 것이다.

부패한 한국 교회의 비극의 한 원인은 세상의 소금됨에 힘쓰지 않고 빛이 되려고 하는 데 있다고 할 수 있다. 이제부터 한국 교회는 빛이 되려는 노력은 잠시 내려놓고 소금이 되는 일에 집중해야 한다.

　*더 자세한 설명은 필자의 책《칭의와 성화》에서 볼 수 있다.

Chapter 2

한국 그리스도인은
'복'을 매우 좋아합니다.
예수 믿으면 복을 받는다는 게
문제가 있나요? [4]

비극이다. 그런 맘몬(mammon)적 복음, 왜곡된 복음, 바알 숭배의 복음을 선포해야 사람들이 몰려들고 교회가 대형 교회로 성장하게 되는 것은 1970~1980년대의 한국에 나타난 현상인데, 불행하게도 그것이 지금까지 지속되고 있다.

많은 교인들이 지금까지 제대로 된 복음을 배우지 못하고 거짓 복음으로 오도되어 온 결과, 목사가 '예수 믿으면 건강과 부를 얻고 출세한

---

4 〈미주뉴스앤조이〉, "믿음으로 구원받는다는 것은?"(2014년 6월 18일, 양재영 기자).

다'는 설교를 해야 '은혜'를 받았다고 하고, 그런 설교를 하는 교회들로 교인들이 몰려든다. 그런 설교를 하는 목사들은 교회 성장과 선교를 빙자해서 더 많이 헌금하고 더 많이 봉사하라면서, 그렇게 하면 더 많이 복받는다고 부추긴다. 이렇게 해서 이른바 '교회 성장'을 도모하고 자기 왕국을 건설하는 것이 오늘날 많은 한국 교회들, 한인 교회들의 모습이다.

한국의 여러 대형교회들에는 다수의 '지성인'들이 출석하고 있다. 그런데 그 '지성인'이라는 사람들마저 그런 원시적이고 미신적인 설교들을 듣고 '은혜'받았다고 하며 그런 교회들의 충직한 일꾼 노릇을 한다니, 참으로 납득하기 어려운, 비극적인 현상이 아닐 수 없다.

'이단'이 뭔가? 하나님의 말씀을 왜곡해서 거짓 복음을 선포하는 것이다. 성경적으로 보면 '거짓 선지자'이고, 교회사적인 표현으로 말하면 '이단'이다. 하나님의 말씀을 왜곡하여 하나님의 백성을 오도하는 행위는 그 폐해가 어느 범죄 행위보다 더 커서, 신명기 법은 거짓 선지자를 최고형으로 다스리도록 규정하고 있다. '건강과 부의 복음'을 선포하는 자들의 논리대로 한다면, 하나님 나라를 위해 죽음에 이르기까지 충성한 바울이 하나님의 복을 제일 많이 받아 이 세상에서 누구보다도 더 오래 건강하고 풍요롭게 살았어야 할 것 아닌가? 그런데 그렇지 못하고 고난만 엄청나게 받다가 처참히 죽었다. 과연 그가 예수를, 하나님을 잘못 믿은 것일까?

이제부터 한국 교회는 빛이 되려는 노력은 잠시 내려놓고
소금이 되는 일에 집중해야 한다.

Chapter 3

Q 맘몬주의 영성과
신앙의 미신화를
어떻게 경계해야 합니까? [5]

죄사함과 무죄선언이라는 법정적 의미로만 이신칭의(以信稱義)의 복음을 선포할 것이 아니라, 하나님과 올바른 관계로 회복이라는 관계론적인 의미도 함께 강조해야 한다. 그러면 '칭의'는 하나님 나라로 들어가 하나님의 통치를 받는 사람이 됨을 의미하며, 하나님의 통치를 받는다는 것은 하나님과 이웃을 사랑하라는 계명에 순종하는 것을 의미함을 알게 된다.

---

5 〈미주뉴스앤조이〉, "캘리포니아 복음을 경계하라"(2008년 8월 10일, 박지호 기자).

하나님 사랑의 반대말은 우상숭배다. 예수께서 우리에게 가장 경계한 우상은 신상이나 불상이 아니라 '맘몬'이다. 모든 형태의 우상숭배는 다 파괴력이 있지만, '돈'이 가장 큰 파괴력을 가지고 있다. 그래서 그것은 인간성을 파괴하기도 하고, 형제를 원수로 만들고, 계층 간에 갈등을 유발하며, 국가 간에 전쟁을 초래하기도 한다.

오늘날 교회에 만연한 '번영 신학'과 '상급 신학'이 바로 맘몬 우상숭배의 표현들이다. 복음이 맘몬의 복음으로 변질됐다. 내가 '캘리포니아 복음'이라 부르는 '건강과 부의 복음', 즉 교회에 열심히 나가 열심히 바치고 열심히 기도하면, 사업에 성공하여 돈 많이 벌고, 건강도 얻고, 자녀들이 하버드에 가고, 출세하고, 천국 가서 상급받는다는 '복음' 말이다. 목사들은, 병들고 가난한 사람들은 하나님의 복을 받지 못하고 벌을 받은 것으로 무시하고, 건강하고 부자 된 사람은 하나님의 복을 받은 것으로 치켜세우면서, '더 많이 바쳐라, 그러면 주께서 열 배, 백 배 갚아 주신다'는 공로 신학, 상급 신학으로 맘몬 우상숭배를 열심히 조장한다. 하나님에게서가 아니라 돈(재물)에서 자신의 안녕과 행복을 얻고자 하는 것이 맘몬 신앙의 핵심이다. 이 신앙은 우리로 하여금 수단 방법을 가리지 말고 돈을 많이 벌려는 삶의 자세를 북돋워 이웃을 착취하게 하고, 불의와 비리를 저지르게 하여 공동체의 삶에 갈등, 고난, 죽음을 증대시킨다. 그러니 맘몬 신앙은 사단의 통치를 따르는 것이다. 사단이 우리에게 맘몬을 미끼로 접근하여 자신의 뜻을 행하도록 하는 것이다.

진정한 그리스도인은, 진정으로 '의인'이라 칭함 받은 사람은, 즉 진정으로 하나님 나라의 백성이 된 사람은, 일용할 양식을 주시는 하나님 '아빠'의 은혜를 믿고, 자신의 노동에 대한 정당한 대가만 받되, 재물을 많이 쌓아 두지 않고, 하나님이 주신 은사와 직업과 형편에 따라 이웃을 섬기고 도와야 한다. 이것이 우리의 일상생활에서 하나님의 통치를 받는 것, 즉 이중사랑계명을 지키는 삶이며, 이것이 바로 공동체의 자유와 정의와 화평을 확대하는 것으로서 하나님 나라를 선취적으로 실현한 모습이다. 그리스도인들이 이렇게 살 때 그들은 세상의 '소금'이 되며 '빛'이 되는 것이다.

Chapter 4

Q 몇몇 교회나 사역자들은
방언이나 초자연적이고 신비로운 체험을
강조합니다.
이를 어떻게 생각하십니까? [6]

우리가 하나님 나라의 통치에 순종하며 살아가려면 성령의 도움을 구해야 한다. 바울은 고린도전서 12장 1-3절에서 성령의 역사를 분별하는 법을 가르친다. 황홀경에 빠지고, 초자연적이고 신비로운 체험을 하는 것이 성령의 역사를 나타내는 것이 아니라는 것이다. 그것들은 이교도들도 경험하는 것이다. 진정한 성령 역사의 기준은 '예수가 주시다'는 고백을 드러내는 것, 즉 주 예수 그리스도의 주권에 의지하고 순종하게 하여

---

6 〈미주뉴스앤조이〉, "캘리포니아 복음을 경계하라"(2008년 8월 10일, 박지호 기자).

의의 열매를 맺게 하는 것이 나타나는가, 아닌가에 있다. 그러므로 성령 받음의 표징은 이상한 체험을 하는 것이 아니라, 하나님을 '아빠'라고 부르는 것(롬 8:14-17)과 함께 "예수가 주시다"라고 고백하는 것이다. 그러므로 성령을 받은 사람은 하나님 '아빠'께 의지하며, 주 예수 그리스도의 통치에 순종하여 사는 사람이다.

하나님의 영이며 동시에 하나님의 아들의 영인 성령이 우리를 인도하시고 믿음(힘)을 주시어 하나님의 아들 주 예수 그리스도가 대행하는 하나님의 통치를 순종하게 한다. 그런 사람은 맘몬과 쾌락을 미끼로 우리의 '육신'을 자극하여 죄를 짓고 죽음을 대가로 얻게 하는 사단의 통치를 받아 '육신의 열매'를 맺지 않는다. 오히려 성령의 인도와 힘주심을 받아 주 예수 그리스도의 통치를 받음으로써 '성령의 열매'(곧 '의의 열매')를 맺게 된다(롬 8:1-17; 갈 5:16-24). 바울이 예들로 열거하는 '성령의 열매들'(갈 5:22-23)이 이중사랑계명을 지켜 얻는 도덕적 가치들, 개인의 성화와 공동체의 삶을 북돋우는 윤리적 가치들임을 명심하라.

그런데 한국 교회는 성령의 역사에 대한 근본적 오해, 샤머니즘적, 미신적 오해로 성령을 무슨 신비로운 마력쯤으로 보고, 의와 화평을 가져오는 예수의 주권과 관계없는 신비로운 체험을 가져다주는 것으로 가르치는 경향이 강하다. 어떤 부흥회에서는 그런 성령을 체험하게 한다면서 부흥사들이 사람들로 하여금 뒤로 넘어지게 하는 등의 쇼를 하면서, 금이빨이 나게 해준다고 주장하며, 그런 유의 신비한 현상을 추구하는 사람들을 현혹한다. 그러나 뒤로 넘어지면 머리나 깨지지 거기에 무슨 치유가 있으며, 무슨 성화의 진전이 있고, 무슨 공동체적 삶의 증진이 있겠는가? 그런 가르침을 하는 사람들은 자신들의 은사와 사역을 과장하는 경향이 있고, 심지어는 거짓으로 조작하는 경향도 있으며, 그러한 '성령 사역'을 자신들의 '교회 성장'(자기 왕국 건설)의 방도로 삼는 경우도 허다하다. 그런 교회나 집회를 좋아하는 사람들은 미신적 신앙에서 벗어나지 못하고, 정작 주의 영(성령)을 받아 주께 의지하고 순종하는 삶으로써 성령의 열매, 곧 의의 열매를 맺는 일은 등한시 하는 경향이 강하다. 예수께서는 그렇게 '선한 열매'를 맺음이 없이 신비한 체험만을 강조하는 자들을 양의 탈을 쓰고 교회에 들어와 성도들을 노략질하는 '거짓 선지자들'이라고 엄중히 경계하셨다(마 7:15-23).

Chapter 5

$\mathbb{Q}$ 한때 봉은사에서 땅 밟기를 하던
청년들 이야기로 시끄러웠습니다.
기독교인의 땅 밟기,
어떻게 봐야 하나요?
진정한 의미의 영적 전쟁에 대해서도
알고 싶습니다. [7]

'영적 전쟁'은 하나님의 통치를 받는 것

한국에서 '영적 전쟁'이라는 이름으로 '땅 밟기 선교'를 행하는데, 그
것은 진정한 의미의 영적 전쟁이 아니다. 영적 전쟁은 사단의 나라에 맞
서는 것이다. 우리가 가치 판단과 윤리적 선택을 하는 순간마다, 맘몬이
라는 우상을 미끼로 우리에게 다가오는 사단의 통치를 따르지 않고 하
나님 통치를 받는 것이 바로 영적 전쟁이다. 그것이 예수께서 가르치시

---

7 이 글은 〈미주뉴스앤조이〉 유연석 기자가 10월 28일 김세윤 교수와 전화 인터뷰하고 녹취한 것을 김 교
수가 보완한 것이다.

고, 사도들이 가르친 영적 전쟁이다.

신약 어디에 이교도의 신전을 뱅뱅 도는 방법으로 '영적 전쟁'을 하라는 가르침이 있는가. 흔히 여호수아가 여리고 성을 돌며 '땅 밟기' 했다고 하는데, 그런 해석을 따르는 것은 원시적인 신학이다. 하나님의 아들 예수 그리스도를 통해 완성된 계시 신약을 두고 왜 구약의 예비 계시로 돌아가서, 특히 여호수아의 그 한 이야기를 '영적 전쟁'의 준거로 삼는가? 왜 그렇게 구약의 이야기 하나에 몰두하는가? 그것도 신학적 의미를 파악하지 못하고 문자주의에 얽매여서 말이다.

성경은 여리고 성 사건 이후 여호수아가 출애굽한 이스라엘 백성을 이끌고 땅 밟기 식으로 가나안을 정복했다고 하는가? 칼로 전쟁하며 정복하였다고 하지 않았는가? 여호수아 식으로 '영적 전쟁'의 선교를 한다면, 이스라엘이 가나안에 들어가서 이교도들을 다 죽였듯이 우리도 불신자들을 칼로 다 죽여야 할까? 그것은 과격파 이슬람이 이어받은 '성전'(聖戰), 즉 '지하드'다. 예수 그리스도를 통해 완성된 계시가 가르치는 영적 전쟁은 그런 게 전혀 아니다. 성경을 제대로 해석하지 못하면, 그 폐해가 얼마나 큰가?!

에베소서에 나타난 '영적 전쟁'

'영적 전쟁' 따위의 미신이 한국 교회에 퍼져 도리어 교회의 건강과 선교를 해치고, 전도의 길을 막고 있다. '축사'(요사스러운 기운이나 귀신을 물리쳐 내쫓음)나 '땅 밟기' 같은 방식으로 '영적 전쟁'을 한다는 사람들에게 왜 그런 식으로 선교하느냐고 물으면, 그들은 에베소서 6장 12절 "우리의 씨름은 혈과 육을 상대하는 것이 아니요 통치자들과 권세들과 이 어둠의 세상 주관자들과 하늘에 있는 악의 영들을 상대함이라"를 언급하며 '영적 전쟁'을 해야 한다고 주장한다. 그러면 에베소서에서 '영적 전쟁'을 어떤 방식으로 하라고 가르치느냐 물으면 그들은 대개 묵묵부답이다. 6장 13절 이하를 읽지 않았거나, 읽어도 무슨 뜻인지 모르기 때문인 것 같다.

'영적 전쟁'은 해야 한다. 우리 그리스도인들은 날마다 심각한 '영적 전쟁'의 전장에 서 있음을 깨달아야 한다. 하나님 나라 백성으로서 사단의 죄와 죽음의 통치에 매일 대항해야 한다. 그렇다면 '땅 밟기' 같은 방식이 에베소서가 말하는 '영적 전쟁'일까? 에베소서에는 "진리로 너희 허리띠를 띠고 의의 호심경을 붙이고 평안의 복음이 준비한 것으로 신을 신고 모든 것 위에 믿음의 방패를 가지고 이로써 능히 악한 자의 모든 불화살을 소멸하고 구원의 투구와 성령의 검 곧 하나님의 말씀을 가지라"(엡 6:14-17)고 말한다.

여기서 바울은 로마 병정의 무장 상태를 묘사하여 설명함으로써 '영적 전쟁'의 심각성을 일깨우고 있다. 하지만 허리띠 · 호심경 · 군화 · 방패 · 검 · 투구 등 로마 병정의 무장이 중요한 것이 아니다. '○○의'가 중요한 것이다. 여기 '성령의 검'을 '하나님의 말씀'이라고 풀어 주지 않았는가. 즉 우리가 진리를 굳게 지키고, 의를 행하며, 열심히 돌아다니며 화평의 복음을 전하여 죄인들을 하나님께 화해시키고, 이웃과 이웃을 화해시키며, 핍박을 믿음으로 이겨 내는 것이 에베소서가 가르치는 '영적 전쟁'이다.

에베소서는 사도 바울이 에베소의 교회에 보낸 서신으로 이해된다. 일부 유력한 사본들이 에베소서 수신인란에 에베소라는 지명을 담고 있기 때문이다. 당시 에베소에는 고대 '세계의 일곱 불가사의들' 중 하나라는 아르테미스(디아나) 여신의 신전이 있었다. 그래서 에베소서에 그 신전을 돌며 '땅 밟기' 또는 '축사'하여 '영적 전쟁'을 하라는 가르침이 있는가?

한국에 엄청난(선한?) 영향을 끼친 미국의 한 유명 선교학 교수가 10여 년 전 한국의 한 대형 교회 목사의 도움으로 양국의 그리스도인 다수를 동원하여 에베소의 아르테미스 여신 신전 폐허를 밟는 '영적 전쟁'을 하였다 한다. 이런 뉴에이지 소설 같은 '영적 전쟁'의 결과는 무엇인가? 그래서 터키와 이웃 무슬림 나라들에 복음의 역사가 활발하게 이루어졌는가? 세상에 자유 · 정의 · 평화가 증진되었는가? 그러기는커녕 그 직후 저 과격파 무슬림들이 그들 식의 '영적 전쟁'(지하드)을 벌여 온 세계(특히 서방 기독교 세계)가 전쟁과 테러 공포에 휘말리고, 종교 전쟁, 문명 충돌의 커다란 위기를 맞지 않았는가?

이런 결과를 거액을 들여 그런 '영적 전쟁'을 감행한 사람들의 논리에 맞추어 해석하면 우리 하나님이 아르테미스 여신에게 패배했다는 것인가? 에베소서는 우리에게 이런 이교도적이고 미신적인 '영적 전쟁'이 아니라 예수 그리스도와 그의 사도들이 가르친 진정한 '영적 전쟁'을 하라고 가르치고 있다. 곧 믿음 안에 굳건히 서서, 진리를 고수하고, 사랑과 의를 행하고, 성령의 도움으로 화평의 복음을 선포함으로써 사단의 죄와 죽음의 통치에 맞서 싸우라는 것이다.

사단의 통치를 거부하고 하나님의 통치를 받으라

신약의 모든 책들이 다 이러한 '영적 전쟁'을 가르친다고 할 수 있지만, 그중에서도 전쟁 언어를 가장 절실하게 사용하며 '영적 전쟁'을 말하는 책은 요한계시록이다. 그 책은 교회를 유다의 사자 다윗적 메시아 예수가 소집한 12사단 14만 4,000의 군대라 한다. 그리하여 용·짐승·거짓 선지자라는 사단의 삼위일체에 맞서 거룩한 전쟁을 처참히 치르는 것을 묘사하고 있다. 그 책은 사단의 나라에 대항해서 하나님 나라가 어떻게 승리하는가, 교회가 그리스도의 군대로서 그 전쟁에 어떻게 참여하여 하나님 나라의 승리가 이루어지도록 해야 하는가를 가르치고 있다. 그런데 요한계시록은 아시아 일곱 교회들에 보내진 하나의 순회 서신이다. 아르테미스 여신의 신전이 있는 에베소교회에도 보내졌고, 사단의 왕좌가 있는 버가모교회에도 보내졌다. 하지만 그 책 어디에도 그 신전들 주위를 '땅 밟기' 하고 '축사'하는 식으로 '영적 전쟁' 하여 승리하라는 말은 없다. 도리어 요한계시록은 '희생당한 어린양'의 방법으로, 즉 순교를 무릅쓴 자기희생의 정신으로 하나님 나라의 복음을 선포하여 사단의 죄와 죽음의 통치를 이기라고 가르치고 있다.

요한계시록에는 로마 황제 체제로 현신화하여 팍스 로마나(Pax Romana)의 거짓 복음으로 열방을 미혹하는 사단의 나라에 맞서 여러 도시에 세워진 황제 숭배의 신전을 '땅 밟기' 하여 '영적 전쟁'하라는 가르침은 일언반구도 없다. 그 책은 도리어 강요되는 황제 숭배를 거부하고, 팍스 로마나의 유혹에 도취되지 말며 창조주 하나님만 진정한 왕이시니 그의 통치 아래서만 진정한 의와 평화와 구원이 있다는 진리를 선포하여 사단의 거짓 왕국을 극복해야 한다고 가르치고 있다. 사단은 '짐승'으로 무력과 압제와 수탈 등의 방법으로 세계를 지배하지만 교회는 창조주 하나님의 통치에 순종하고 그의 사랑의 이중계명을 실천하는 삶으로써, 즉 사랑과 자기희생과 진리 증거로 '영적 전쟁'을 하여 사단의 죄와 죽음의 통치를 극복하라는 것이다. 이것이 '희생당한 어린양'의 방법이고 요한계시록의 메시지다. 예수와 사도 바울 그리고 계시록은 교회로 하여금 사랑으로 하나님 나라의 복음을 선포하되, 말로만이 아니라 삶으로써 신실하게 선포하여, 사단의 죄와 죽음을 극복하라고 일관되게 가르친다. 이것이 우리 그리스도인들의 진정한 '영적 전쟁'이다.

'영적 전쟁'의 전쟁터는 우리 실존의 삶이다. 날마다 가치 판단과 윤리적 선택이라는 갈림길에서 사단의 통치를 물리치고 하나님의 통치를 받는 것이 '영적 전쟁'이다. 그런 선택의 순간마다 하나님의 통치는 구체적으로 사랑의 이중계명을 실천하라는 요구로 온다. 하나님 나라의 복음을 선포하신 예수께서는 모든 계명을 '이중사랑계명'으로 요약하셨는데(막 12:28-34), 사도 바울은 이것을 '하나님의 법' 또는 '그리스도의 법'이라고 했다(고전 9:21; 갈 6:2). 하나님 사랑의 반대말은 우상숭배다.

예수께서 가장 경계한 우상은 불상도, 아르테미스 신상도, 버가모의 사단상도, 신격화된 황제상도 아니라 바로 맘몬이다(마 6:24; 눅 16:13). 모든 우상숭배는 파괴력이 있다. 그러나 가장 큰 파괴력을 가진 우상숭배의 형태는 바로 돈 또는 재물에 대한 우상숭배이기 때문이다. 맘몬·재물이 우리의 안녕과 행복을 가져다준다는 우상숭배가 부자간, 형제간도 갈라 원수가 되게 하고, 사회계층 간의 불의·불평등·갈등을 낳고, 나라 간 전쟁도 일으키며, 전반적으로 인간성을 황폐화시킨다. 그렇기에 예수께서 그 우상숭배를 가장 심각히 경고하신 것이다. 오늘날 사단은 우리 육신을 자극하여 맘몬이라는 우상을 숭배하게 만든다. 돈이 우리에게 안녕과 행복을 가져다주는 것이니 돈을 많이 벌기 위해 거짓말도 하고, 사기도 치고, 바가지도 씌우고, 유해 식품 등 가짜 물건도 팔고, 부실 공사도 하고, 뇌물을 주고받기도 하고, 힘으로 남을 억압하라고도 한다. 이런 사단의 통치에 맞서는 우리에게 날마다 성령이 상기시키는 것은 사단의 그러한 통치를 거부하고 하나님의 통치를 받으라는 것이다.

하나님 나라를 현실의 삶에서 실현하라

한국 교회는 하나님 나라가 그리스도의 재림 때에만 오는 것으로 가르쳐 먼 미래로 연기해 버리든가, 죽음 뒤 우리의 영혼이 가는 저 위 하늘 어딘가로 밀어올려 버려, 많은 성도로 하여금 오늘을 사는 우리의 삶과는 무관한 것으로 인식하게 한다. 그러나 예수께서는 자신을 통하여 이미 출범한 하나님 나라의 현재성을 강조하셨다. 사도들은 주 예수 그리스도께서 부활하시어 하나님 우편에 앉아 하나님의 통치를 지금 대행하심을, 즉 그의 성령을 그의 교회에 퍼부어 주시어 그리스도인들로 하여금 그의 통치의 일꾼 또는 군사가 되어 사단의 죄와 죽음의 통치를 극복하고 하나님의 구원의 통치를 실현해 가도록 하심을 강조하였다.

그렇기에 주 예수 그리스도를 통하여 오는 하나님의 통치는 오늘 우리의 구체적 삶의 현장에서 맘몬 우상숭배 대신 하나님을 사랑하고, 이웃 착취 대신 이웃을 사랑하라는 '하나님(나라)의 법' 또는 '그리스도의 법'을 지키라는 요구로 오는 것이다. 물신주의적 탐욕을 배제하고 "오늘 우리에게 일용할 양식을 주소서"라고 기도하는 자세로, 공중에 나는 새도 먹이시고 들에 피는 백합화도 입히시는 하나님의 '아빠' 노릇해 주심을 믿고, 그의 뜻에 순종하며 살라는 요구로 오는 것이다. 돈을 더 많이 벌기 위해 이웃을 억압하고 착취하는 것이 아니라, 이웃을 사랑하고 섬기라는 요구로 오는 것이다.

성령은 날마다 가치 판단과 윤리적 선택의 순간에 서는 우리에게 맘몬 우상숭배와 이웃 착취를 조장하는 사단의 통치와 하나님 사랑과 이웃 사랑을 요구하는 하나님의 통치의 갈림길을 밝히 보여 주시고, 우리로 하여금 사단의 통치에 대한 유혹을 물리치고 하나님의 통치를 받을 수 있는 믿음을 주신다. 이렇게 성령의 일깨워 주심, 인도하심, 그리고 믿음 주심에 힘입어 우리가 사랑의 이중계명을 실천하여 하나님의 통치를 받을 때 우리는 비로소 사단의 통치를 극복하고 '성령의 열매들'(갈 5:22-23), 곧 사랑, 화평, 관용, 친절, 선함, 신실, 온유, 절제 등의 도덕적 가치들인 '의의 열매들'을 맺게 된다(빌 1:11; 마 7:15-23). 이것이 진정한 '영적 전쟁'이자 성령에 힘입은 악령과의 싸움이다.

그러므로 날마다 가정 안에서도 서로 사랑하고, 직장이나 사업장에서도 정당한 이익만 얻고 나의 상품이나 서비스로 이웃의 삶을 안전하고 풍요롭게 하며, 우리 사회 또는 환경 전반에서도 자유 · 정의 · 화평 · 건강이 증진되도록 노력하는 것이 하나님의 통치를 받는 것이고, 사단의 죄와 죽음의 통치에 맞서는 '영적 전쟁'을 치르는 것이다. 이렇게 우리 그리스도인들이 진정한 '영적 전쟁'을 한다면, 우리나라에는 하나님 나라의 샬롬이 얼마나 크게 실현될 것인가? 또 전 세계에 얼마나 큰 선교의 효과가 있을 것인가?(마 5:13-16; 벧전 2:9).

'땅 밟기'는 샤머니즘을 기독교로 포장한 것

봉은사나 카자흐스탄, 또는 예루살렘에 가서 '땅 밟기' 하는 것은 '영적 전쟁'이 아니다. 미신, 즉 샤머니즘의 발로다. 그리스도인들이 무리지어 세를 과시하면서 무슨 도시를 하나님께 바친다고 외쳐대거나, 무슨 우범 지대 또는 퇴폐 지역을 '땅 밟기' 한다고 해서 그 도시, 그 지역이 '성시화'(聖市化)되는 것도 아니다. 그런 그릇된 '영적 전쟁'의 폐해는 중세 십자군 전쟁이 우리에게 충분한 교훈을 남겼다. 십자군 전쟁이 지금까지도 교회의 이슬람 세계에 대한 선교를 가로막고 있는 현실을 똑바로 보라.

11세기 초부터 200~300년간 서양의 기독교 국가들이 십자가의 기를 높이 들고 몇 십만의 군대를 동원해 성지를 중심으로 근동 지역을 '땅 밟기' 했다. 그 땅 이곳저곳에 십자가의 기를 꽂고 주께 바친다고 난리를 피운 결과가 무엇인가? 그렇게 해서 성지와 중동 세계의 귀신들을 몰아내고, 이슬람을 박멸하고, 주 예수의 이름만을 부르는 교회로 가득 찼는가? 오히려 기독교 국가였던 비잔틴 제국만 멸망시켰고, 이슬람 터키 제국이 들어서게 했으며, 고대 기독교가 왕성했던 아시아와 북부 아프리카 지역이 다 이슬람 땅이 되어 버리지 않았는가? 지금까지도 무슬림은 기독교에 대해 극렬히 적대하고, 교회의 선교를 막고, 기독교 세력이 무엇만 하려 하면 즉각 '십자군' 이름을 대며 저항하지 않는가. 십자군 '땅 밟기'가 중동 전체를 이슬람화하는 데 공헌했다는 역설적인 결과를 낳은 것이다.

많은 한국의 그리스도인들이 샤머니즘을 극복하지 못하고, 복음이 뭔지도 제대로 알지 못하고, 성경을 제대로 해석하지도 못하고, 신학적으로 사고하는 능력도 갖추지 못한 채, 이른바 선교 열정만으로 무슨 무슨 '스탄'이라는 나라들을 돌아다니며 '땅 밟기' 하는 선교의 결과를 보라. 중세의 십자군이 일으킨 역효과가 그대로 나타나고 있지 않은가. 봉은사 '땅 밟기'도 그런 결과를 낳지 않았는가.

그리하여 "너희들 때문에 하나님의 이름이 이방인들 가운데서 모욕을 당한다"라고 사도 바울이 자기 백성 유대인들에게 한 탄식(롬 2:24; 사 52:5)이 오늘 한국 교회를 향한 탄식이 아닌가? 그런데도 한국의 선교 지도자들은 선교 전략으로 '땅 밟기'를 주장한다.

몇 년 전 미국 시카고 휘튼대학에서 열린 한인 세계선교대회에서도 '땅 밟기'를 중심으로 한 선교 전략을 짰다는 얘기를 들었다. 그것이 사실이 아니기를 바란다. 그러나 그것이 사실이라면, 그런 중요한 대회에 모인 신학자 · 선교학자 · 교회 지도자 · 선교 지도자라는 사람들이 그런 선교 '전략'을 짰다면, 그것은 놀랍고 슬픈 일이다.

한국 교회는 급격히 쇠락하고 있다. 일대 위기를 맞은 것이다. 그런데도 많은 그리스도인들은 십자군 운동의 정신과 승리주의(Triumphalism)에 빠져 있는 듯하다. 몇몇 소수의 힘없는 그리스도인이나 단체들을 제외하고는 진정한 회개와 갱신의 기미를 보여 주지 못하고 있는 것 같다. 많은 교회의 구원론은 사실상 구원파 또는 고대의 영지주의의 구원론에다가 중세 가톨릭교회의 공로-상급 신학을 합성하여 놓은 것이고, 그들의 윤리는 세 가지(주일 성수, 헌금, 전도) '하기'와 세 가지(술, 담배, 제사) '안 하기'로 축약된 바리새파적 경건주의요, 그들의 성경 해석은 성경의 '정확무오' 교리만 앞세우며 문자주의와 율법주의를 주입하는 것이어서 성도들을 성경의 이곳저곳 본문들을 들이대며 접근하는 갖가지 이단 사설들(예: 여호수아 6장을 들이대는 '땅 밟기' 식 '영적 전쟁', 출애굽기 20장 5절을 들이대는 '가계 저주론')의 쉬운 제물이 되게 하는 것이며, 그들의 영성은 다분히 샤머니즘적인 성격을 띠는 것이다.

'땅 밟기' 선교는 우리 조상들이 정월 대보름에 지신밟기 하던 샤머니즘을 기독교로 포장한 것에 불과한 것이다. 그런 교회일수록 진정한 '영적 전쟁'은 등한시하면서 예수께서 가장 엄중히 경고한 맘몬 우상숭배를 조장하는 기복 신앙을 열심히 부추겨 많은 성도들을 사실상 사단의 나라 속으로 계속 밀어 넣는 일을 하고 있다. 그들이 기복 신앙의 '가짜 복음'을 선포하여 성도들로 하여금 수단 방법을 가리지 않고 돈 많이 벌기를 염원하게 하는 분위기를 만들 때마다, 사실상 그들로 하여금 사단의 통치를 받고 하나님의 통치에 대적하게 하는 것이다. 즉 사단의 나라 군사로서 하나님 나라에 대항해 '영적 전쟁'을 하게 하는 것이다. 이 역설이 벌어지는 곳이 지금 '영적 전쟁' 한다는 한국의 많은 교회들이다. 그래서 한국 교회 안에 '믿음 좋다'는 그리스도인 사기꾼들이 그렇게 많은 것이다.

그러므로 우리 그리스도인들이 지금 당장 해야 할 진정한 '영적 전쟁'의 제1전선은 우리 자신의 삶의 현장이요, 제2전선은 우리 교회 안인 것이다(아니, 제1전선은 우리 교회 안이고, 제2전선이 우리 삶의 현장이라고 하는 것이 더 옳겠다). 그리고 제3전선은 사단의 나라의 거짓 · 불의 · 억압 · 갈등에 맞서 하나님 나라의 진리 · 공의 · 자유 · 화평을 확대해야 하는 한국 사회인 것이다. 한국 교회의 신학적 성숙 없이 어떻게 이런 진정한 '영적 전쟁'을 치를 수 있을까? 한국 교회가 얼마나 더 많이 세상의 조롱거리가 되고 얼마나 더 쇠락해야, 회개와 영적 갱신 그리고 신학적 성숙의 운동이 일어날까?

'영적 전쟁'의 전쟁터는
우리 실존의 삶이다.

Chapter 6

Q 한국 교회 교인들에게 만연한
'자살하면 지옥 간다'는 속설에 대해
어떻게 생각하시나요? [8]

많은 한국의 그리스도인들이 자살하는 사람들의 불쌍하고 가련한 사정에 대해서는 일말의 동정심도 없이, 자살하는 사람은 지옥 간다고 단정 지어 버린다. 경제적 빈곤, 신체적 장애, 탈출구가 보이지 않는 갈등의 관계 등으로 절망하여 자살하는 사람들이 많다. 우울증 등 정신질환을 앓아 이성적 판단이 마비된 상태에서 자살하는 사람들도 많다. 한국이 자살률이 제일 높은 나라 중 하나인 것으로 안다. 한국 사회가 어떻게

---

8 〈미주뉴스앤조이〉, "자살하면 지옥 간다는 사람이 지옥 갈 거다"(2008년 11월 5일, 박지호 기자).

잘못되었기에 그 많은 사람들을 절망과 자살로 내모는가에 대해서 심각히 생각해 보고, 그 사람들이 자살하지 않아도 되는 사회를 만들기 위해 조금이라도 노력해 봤는가? 그렇게 절망하고 자살할 수밖에 없는 처지에 놓인 사람들에게 교회는, 그리스도인인 우리는 도움의 손을 내밀어 보기나 했는가? 자살한 사람들의 가족들의 고통을 조금이라도 나누고 위로하려고 노력해 보았는가? 그런 사람들에게 우리는 하나님의 사랑을 더욱더, 말로만이 아니라 행동으로 전달해야 하지 않을까? 그런데 지옥 운운하면서 그들의 마음을 후벼 파는 것, 그것이 그리스도인들이 할 짓인가? 그것이야말로 또 다른 차원의 살인 행위가 아니고 무엇인가?

율법주의적 정죄가 아닌 동정과 사랑의 마음을 품어라

한국의 많은 목사들이나 신학자라는 사람들이 화석화된 교리에만 집착하고, 그리스도인들이 일말의 은혜와 긍휼지심(불쌍히 여기는 마음, compassion), 동정심도 없이 "자살한 사람은 지옥 간다"고 그저 율법주의적으로 너무나 차디차게 내뱉는 것을 볼 때마다 나는 화가 난다. 그것이 사랑하는 부모를, 자식을, 남편을, 아내를 잃어버린 불쌍한 가족들, 가난과 병고 속에서 함께 울어 온 가족들, 자신들 때문에 그런 엄청난 비극이 일어났다며 죄책감에 시달리는 가족들을 더욱더 깊은 절망의 수렁으로 떨어지게 하는 일이기에 화가 치미는 것이다. 자살한 사람은 자기 목숨만 끊었지만, '자살한 사람은 지옥 간다'고 떠드는 사람은 훨씬 더 많은 사람들에게 마음의 상처를 준다.

예수께서는 이웃의 목을 실제로 치는 행위만 살인이 아니라, 그런 행동을 유발하는 마음의 동기, 즉 이웃을 멸시하고 미워하는 것이 이미 살인행위라고 가르치셨다. 그러니 자살한 이들의 유가족들에게 그런 상처와 불안을 주는 행위도 예수께서는 살인행위로 보시지 않겠는가? 예수께서 사람의 고난을 돌보는 것보다 율법을 더 중시하라고 가르치셨는가? 사도 바울이 "우는 자와 함께 울라"고 가르쳤지, 그들을 정죄하고 그들의 상처에 소금을 뿌리라고 가르쳤는가? 언제부터 한국의 그리스도인들이 성경의 바리새인들같이 되고 19세기 미국 뉴잉글랜드의 청교도들같이 되어, 사랑보다는 율법을 앞세우고, 용서보다는 정죄하기 바쁘며, 인간이면 당연히 가져야 할 동정심도 잃어버린 냉혈한들이 되었는가?

지진이나 홍수로 재앙을 당한 사람들에게 "예수 안 믿어 벌받은 것이다"라고 정죄하고, 자살한 사람을 두고 "지옥 간다"라고 정죄하고 저주하는 무식하고 무자비한(자비를 모르는) 목사들과 그 가르침을 받은 한국의 다수 그리스도인들이 이러하기에 지금 기독교가 일반 대중으로부터 '개독교'라고 욕먹고 있지 않은가? 마치 19세기 미국의 청교도들이 대중들로부터 독선적이고 위선적인 냉혈한들로 배척받았듯이 말이다.

은혜를 모르는 율법주의 그리스도인들 때문에 지금 전도의 문까지 닫히고 있는 상황이다. 내가 예수님을 이해하는 한, 복음을 이해하는 한, 자살한 사람보다 자살하면 지옥 간다고 말하는 사람이 지옥 갈 가능성이 더 많다.

심판은 하나님만이 하실 수 있다

이웃에게 사기치고, 가난한 사람들을 착취하고, 권력으로 약자들을 억압하고, 사악한 경제 구조로 빈민들을 길거리로 내모는 것이, 스스로 자기 목숨 끊는 것보다 훨씬 더 많은 살인행위를 하는 것이다. 불의한 권력과 금력을 이용해 다른 사람들을 절망으로, 심지어 자살로 내모는 사람들이 우리 주변에 널렸다. 그리스도인들 중에도 그런 사람들이 허다하다. 예수께서는 목자 없는 양 떼 같은 무리를 불쌍히 여기시며, 그들을 위해서 자신의 목숨을 내어 놓으신 선한 목자이셨다.

그런 예수의 복음을 선포하도록, 그리하여 연약한 양 떼에게 선한 목자 노릇을 하도록 부름 받은 목사들이 그렇게 악을 저지르고 죽음을 조장하는 강자들에게는 "너희들 그렇게 살면 지옥 갈 수 있다"고 경고하고 타이르기는커녕 도리어 "하나님으로부터 복 받았다"고 치켜세우고 아부한다. 그러면서 경제적·정신적·육체적 곤경을 이기지 못해 자기 목숨을 끊을 수밖에 없는 불쌍한 사람들은 무시하고 돌보지도 않으면서 스스로 목숨을 끊었으니 지옥 간다고 정죄만 한다.

지옥 논쟁은 율법주의적이고 근본주의적인 사고방식에서 기인한 것이다. 사람들이 문자에 집착하느라 본질을 놓쳐 버렸다. 죄의 본질에 대해서, 하나님에 대해서, 그리스도의 복음에 대해서 제대로 이해하지 못하기에 이런 현상이 생긴다. 심판은 하나님의 몫이다. 그런데 어떤 그리스도인들, 특히 근본주의적이고 율법주의적인 신앙을 가진 그리스도인들은 독선적이고 오만해서 자기들이 하나님 노릇까지 하려고 든다. 누구는 지옥 간다고 인간이 규정할 수 있는 것이 아니다. 그리스도 예수께서 우리에게 계시하신 하나님은 우리 죄인들을 용서하시고, 연약한 자들을 일으켜 세우시고, 병자들을 치유하시고, 구원하시는 자비로운 분이시다. 이런 하나님을 믿는 그리스도인들이, 자신들의 흉악한 죄를 용서받은 체험을 한 그리스도인들이 불행하게 극단의 선택을 한 이웃에 대해 그렇게 차디찬 율법주의적 정죄를 해대는 것이 과연 옳은가?

어떤 사람들은 "자살하면 자신의 죄를 회개할 겨를도 없으니 결국 지옥에 갈 수밖에 없다"는 논리를 편다고 한다. 그런데 이것도 한국의 많은 근본주의 교회들에서 하나님의 은혜를 모르는 엉터리 율법주의적 복음이 선포되기 때문에 빚어지는 현상이다. 회개마저 일종의 공로로 여기고 있다. 은혜의 복음을 공로 신학으로 둔갑시키기 때문에 벌어진 현상이다.

Chapter 7

신학을 하면
오히려 믿음이 떨어진다고 하던데요,
신학을 하는 게
신앙생활에 도움이 되나요?[9]

나는 모든 그리스도인은 신학을 하는 사람들이라고 생각한다. 다만 그 신학을 전문적이고 학문적으로 하느냐 그렇지 않느냐 하는 차이가 있을 뿐이다. 전문적으로 신학을 하지 않는 평신도의 경우도 자신들이 믿는 하나님에 대해서 그리고 하나님 앞에서의 자기 삶에 대해서 진지하게 생각한다면 그것은 곧 신학을 하는 것이라고 본다. 다시 말해 자기가 믿는 복음의 의미를 되새기고 하나님을 믿는 자로서 어떻게 살 것인

---

9 월간 〈목회와 신학〉 통권122호(1999년 8월 1일) 한국 교회 갱신을 위한 권두대담 "한국 교회 안의 세 가지 신학적 혼동들"(39-41면).

가 생각하는 것이 바로 신학하는 것이다. 따라서 그리스도인들은 모두 신학을 한다고 볼 수 있다.

기독교 신앙은 올바른 신학에 의해서 늘 새롭게 뒷받침되어야 그것이 바르게 서고 깊어질 수 있다. 신학적 사유와 분별력을 동반하지 않은 신앙은 맹신이 되어서 그릇된 신념과 스스로 불행하고 남에게 불행을 가져다주는 삶을 낳을 수 있다. 신학도 신앙과 분리되어 추구되면 옳은 신학이라 할 수 없다. 올바른 신학은 복음을 더 바르고, 깊고, 넓게 이해하고 선포하게 하며, 복음에 합당한 사고와 삶을 앙양하는 것, 즉 바르고 깊은 신앙을 증진하는 것이다.

그러나 그동안 한국 교회 안에 일반적으로 신학에 대한 오해가 많이 생성된 것이 사실이다. 경건주의적인 생각만을 갖고 있는 사람들이 신학에 대한 바른 이해가 없어서 신학과 신앙이 전혀 관계없는 것으로 생각하고, 심지어 신학을 하면 도리어 신앙이 위협을 받고 떨어진다고 생각해 온 것이다.

그런 사람들은 몇 개의 교리들을 단순히 되뇌면서(즉 그 교리들이 자신들로 하여금 어떤 세계관, 가치관을 갖게 하고 실제로 어떤 삶을 살도록 하는지 생각하지 않고, 즉 깊은 신학적 사유를 하지 않고), 성경을 아주 피상적으로, 문자적으로, 율법적으로 읽으면서 위로와 권면을 받으며 사는 것이 올바른 신앙생활이라고 생각한다. 그런 사람들은 성경 읽기와 신학을 대조하며 "신학교에서는 성경이 아니라 신학을 가르치니, 신학교를 나온 목사들이 설교도 잘 못하고, 신앙이 깊지도 않다"고 불평하기도 한다. 그러나 그런 사람들은 성경을 그렇게 피상적으로 읽고 성경의 가르침을 그렇게 피상적으로 얻는 것도 하나의 신학하기, 즉 '피상적으로 신학하기'라는 것을 인식하지 못하는 것이다.

신학의 역할은 올바른 신앙생활로 이끄는 것

사실 일부 신학자들이나 신학 방법들이 많은 평신도들에게 또 초보 신학도들에게까지 그런 생각을 갖도록 오도한 것이 사실이다. 신학교에서는 성경을 더 깊이 이해하기 위해 여러 가지 비평 방법들을 가르치는데, 그것들이 굉장히 복잡할 뿐 아니라 '단순한' 성경 읽기에 익숙한 경건주의자들에게는 성경 말씀에 대한 경외심과 신뢰를 약화시키는 것처럼 보인다. 그런 방법들을 사용하여 얻은 성경 해석이 강단의 설교와 주일학교 교육에서 얻은 단순한, 또는 잘못 형성된 신념들을 많이 교정하기도 하는데, 그들은 그것도 자신들의 신앙을 흔드는 것이라며 굉장히 불안해한다. 또 어떤 신학적 토론, 특히 삶과 직접 연결시키지 않고 진행하는, 다분히 관념적이고 사변적인 구식 스콜라 신학 방법으로 진행되는 토론은 신학 초보자들에게 도대체 그런 신학이 신앙생활에 무슨 도움이 되는지 의구심을 갖게 한다.

그러나 신학자들이 개발한 성경 연구 방법들을 제대로 터득하고 잘 활용하면 성경의 가르침을 더 바르고, 깊게, 널리 이해할 수 있게 되고, 신학적 토론들을 삶과 연결하여 제대로 공부하면 우리가 믿는 신앙고백 또는 교리들의 실존적 의미를 제대로 터득하게 되고 그것이 우리의 신앙을 더욱 굳건히 하며 우리의 삶을 더욱 바르게 하는 것을 알게 된다.

바른 신학은 항상 복음(또는 성경)을 강해하는 것이며, 복음에 비추어 올바른 신앙생활을 하게 하는 것이다. 그러므로 '성경'과 '신학'을 대조하며, 후자를 버리고 전자를 택하자고 할 것이 아니라, 후자를 올바로 하여 전자를 진정으로 이해하고 그 증진된 이해에 따라 우리의 신앙생활을 더 바르고 깊고 역동성 있게 하는 것이 긴요하다.

신학이 왜 복음의 진리를 설교하지 못하는가

그럼 왜 한국 교회 안에서 신학이 복음을 설교하며 밝히지 못하고, 단지 목회자가 되는 과정으로만 신학을 이해하거나 아예 신학 없이 경건주의로 이원론화되는 문제가 생겼는가?

여기에는 여러 가지 이유가 있는데, 내가 보기에는 신학이 잘못 행해지고 잘못 가르쳐지는 데 가장 큰 원인이 있지 않나 생각한다. 특히 성경 신학이 그렇다고 본다. 개인적으로 나는 그게 역설이라고 생각하는데, 성경의 권위를 높인다고 하는 보수 교단과 보수 신학교일수록 성경 강해가 더 약하다. 앞에서 말한 대로 보수 신학 쪽에서는, 성경을 해석함에 있어 비평 방법들에 대해 성숙한 태도를 습득하지 못함으로써 성경 해석을 잘못하기도 하고, 또 심지어는 그것에 대해 아예 두려워하기까지 한다. 그 결과 성경을 스콜라 식 신학 방법으로 형성된 교리에 짜 맞춰 해석하기도 하고, 굉장히 문자적·율법주의적으로 해석하기도 하여 신학이 복음 선포나 설교와 유리되고, 설교는 삶을 변화시키는 생명력을 상실하였다. 그래서 성경 해석에 근거한 조직신학이 아니라 구식 스콜라, 프로테스탄트 스콜라 식 조직신학을 한다. 물론 그것 때문에 우선은 여러 다양한 신학사상들과 교리를 연구하고 토론할지는 모르겠지만, 이 신학사상과 교리들이 사실은 복음을 선포하는 것이 되지 못하고 굉장히 관념적이며 추상적이고, 교회의 신앙이나 삶에 관계없는 신학으로 변질되는 것이다. 따라서 신학 따로 복음 선포 따로인 현상이 벌어지는 것이다. 이 점이 한국 교회 안에서 신학이 복음을 설교하지 못하게 된 가장 큰 이유일 것이다.

그럼 이른바 자유주의, 좀 과격한 자유주의 신학 쪽에서는 왜 복음을 설교하지 못하는가? 그것은 그들이 복음과 기독교 신앙 전통에 대한 신뢰를 많이 잃어버렸기 때문이다.

그래서 복음에 대한 깊이 있는 해석과 적용보다는 사회적 문제, 문화적 현상 등에 대한 토론에 더 많은 관심과 노력을 기울이다 보니까, 그곳에서는 그곳 나름대로 복음과 성경에 대한 더 깊은 묵상, 해석, 선포, 적용을 등한시하는 일이 벌어지게 된 것이다.

그러니까 신학과 복음이 이원론화되고, 신학이 복음을 설교하지 못하는 원인은 크게 자유주의적인 오류, 근본주의적인 오류 이 두 가지로 볼 수 있다. 특히 한국의 대다수 보수 교회들이 신학을 목회자들의 전유물로 여기고 평신도들은 그냥 성경만 읽고 큐티만 하면 된다고 생각해서 경건주의적인 신앙을 갖게 했는데, 이것이 복음 자체에 대한 이해가 깊지 못하고 성경에 대한 자의적인 해석을 하게 만들었다.

복음에 대한 깊은 이해에 근거하여 성경 본문들을 해석하고, 성경 본문들에 대한 해석이 복음에 대한 이해를 더 깊이 하는 그런 유기적인 관계가 아니고, 본문을 자의적으로 해석함으로 말미암아 신앙을 바로 세우지도 못하고 사실상 성경의 권위 자체도 부인하는 오류를 범하게 된 것이다.

나는 이것이 보수주의의 역설이라고 본다. 성경의 권위를 높인다고 하면서도 결국은 성경과 신학을 분리시킴으로써 성경의 권위를 잃어버리게 하는 경우가 발생하는 역설 말이다. 나는 우리 한국 교회가 이제는 그런 단계에서 벗어나 좀 더 성숙해져야 한다고 생각한다.

바른 신학은 항상 복음(또는 성경)을 강해하는 것이며,
복음에 비추어 올바른 신앙생활을 하게 하는 것이다.

Chapter 8

Q 성경은 술 취하지 말라고 했는데
어느 정도가 술 취하지 않는 건가요?

"술 취하지 말라"는 술을 과하게 마시지 말라는 뜻이다. 사도 바울은 고린도전서 8-10장에 걸쳐 '우상에 바쳐진 음식을 먹는 문제'와 관련한 교훈과 함께 술에 대해서도 아주 좋은 지침을 제공하고 있다. 바울은 음식 문제에 있어서는 구약 레위기 등의 율법을 무시하며 그리스도인들의 근본적 자유를 선포한다. 그래서 '우상에 바쳐진' 고기를 시장에서 사서 먹어도 되고, 불신자 이웃의 집에 초대되어 가서 먹어도 된다고 말한다. 그러나 우상숭배를 중심으로 벌어지는 신전의 잔치에는 참여하지 말라고 가르치며(10:14), 우상에 바쳐지는 과정에서 도축된 고기는 먹어서는 안 된다고 완고히 고집하는 형제(바울은 그를 믿음이 아직 '약한 자'라고 부른다)가 있으면 그의 약한 믿음을 상하게 하지 않기 위해서, 그의 믿음과 공동체의 화평을 '세워 올리기' 위해(우리 성경에 '덕을 세우다'는 말로 번역됨), 그런 고기를 먹지 말라고 가르친다. 이 가르침은 바울이 '우상에 바쳐진 음식' 문제를 하나님 나라의 법과 '그리스도의 법'(고전 9:21), 즉 이중사랑계명의 원칙과 예수 그리스도의 모범에 의거하여 도출한 것이다 (고전 8:3; 10:31[하나님 사랑]과 8:2; 10:32-33[이웃 사랑]의 이중 수미상관에 유의하고, 11:1의 총 결론[그리스도를 본받음]에 유의하라).

그러므로 술 문제도 이중사랑계명에 의거하여 판단하여야 한다. 술을 취하도록 마시어 정신이 혼미해져서 이웃과 싸우고 처자식에게 불행을 가져다주는 행위는 이웃 사랑의 계명을 어기는 죄다. 술을 과도하게 마셔서 여러 질병을 유발함으로써 하나님께서 우리에게 하나님과 이웃을 섬기는 도구로 주신 몸을 상하게 하면 하나님 사랑의 계명도 어기고, 가족과 사회에 섬김은커녕 재정 등 여러 부담만 가져다주니 이웃 사랑의 계명도 어기는 죄가 된다. 그러므로 성경은 술을 취하도록 마시는 것을 금하는 것이다(담배 피우는 것은 피우는 당사자의 건강도 해치고 이웃도 간접흡연자로 만들어 해를 주기 때문에, 이것도 사랑의 이중계명을 명백히 어기는 것으로 금하는 것이 옳다).

그러나 취하지 않을 정도의 소량의 술은 건강에 도리어 좋다는 의학적 보고들도 있다. 그렇다면 그 정도를 마시는 것은 그리스도인의 자유에 속한다. 예수는 하나님 나라의 구원을 자주 잔치로 비유하시고, 죄를 회개하고 하나님 나라의 복음을 받아들인 죄인들과 먹고 마시는 잔치를 나눔으로써 그 구원을 시위(demonstration)하셨다. 그래서 취하여 죄를 지을 정도가 아닌 음주는 대부분 교회에서 허용되었다.

그러나 19세기 미국과 영국에서 위스키 등 독주의 폐해가 크게 나타나자 금주 운동(temperance movement)이 일어나고, 경건과 성결한 삶을 강조하는 신실한 신자들이 아예 일체의 음주를 죄로 규정하여 금지시키게 되었다. 19세기 말, 20세기 초의 신앙 부흥 운동과 세계 선교 운동은 그런 경건주의적 신앙을 가진 사람들이 주도하였다.

그 무렵 한국에 선교하러 온 개신교 선교사들도 그런 태도를 가지고 있었다. 게다가 20세기 초 당시 한국도 음주 폐해가 지대했으므로, 그들이 음주를 명백한 죄로 규정하고 금한 것이다. 그들의 가르침이 기독교계 내에서 큰 효력을 발휘하여 모든 그리스도인이 일체 음주하지 않게 된 것이다. 그리하여 그들은 건강하고 성결한 삶을 드러냄으로써 음주 폐해가 심대했던 당시 사회에서 존경받고, 결국 사회에 '소금' 노릇을 하기도 하였다.

그러나 이제는 상황이 많이 변했다. 한국의 개신교에서는 이제 음주가 위에서 설명한 대로 이중사랑계명과 그리스도인의 자유의 관계 속에서 성숙하게 판단해야 할 문제로 인식되는 것이 아니라, 그리스도인은 무조건 음주하면 안 되는 율법으로 굳어 버렸다. 즉 금연과 금주가 기독교의 표징이 되어 버린 것이다. 그렇다 보니 과도한 음주를 막는 긍정적 효과도 있지만, 부정적 효과도 발생하게 되었다. 많은 그리스도인들이 율법주의에 얽매여 신앙의 자유를 누리지 못함은 말할 것도 없고, 음주를 대표적인, 아니 가장 큰 죄로 인식하게 된 것이다. 그래서 그리스도인이 거짓말하고, 사기치고, 탈세하고, 불의한 권력자들에게 빌붙고, 약자를 짓밟는 등의 죄에 대해서는 관대하면서도, 오로지 음주하면 타락한 그리스도인, 엉터리 그리스도인으로 매도하는 것이다. 하나님과 이웃에 대한 폐해의 정도를 볼 때 음주는 전자에 비교할 수 없을 정도로 작은 '죄'인데도 말이다.

전자와 같은 죄들을 수시로 저지르는 그리스도인이 직장 동료들 간의 회식에서 그리스도인임을 내세우며 술 한 잔 나누기를 거부할 때, 비그리스도인 동료들은 그런 그리스도인을 어떻게 볼까?

그런 까닭에 이제 음주를 피하는 그리스도인이 존경과 매력의 대상이기보다 도리어 비하와 거부의 대상이 되고 있다. 과도한 음주도 폐해를 가져와 전도의 걸림돌이 되지만, 율법주의적 금주도 전도의 걸림돌이 되고 있다. 하루빨리 한국의 그리스도인들이 비그리스도인들의 눈에 단순히 술 안 마시고 담배 안 피우는 율법주의 위선자들이 아니라 진실하고 사랑 많은 사람들로 비쳐져야 할 것이다.

요약컨대, 음주 문제는 이중사랑계명에 비추어 판단해야 한다. 하나님 사랑, 이웃 사랑을 해칠 위험이 많은 과도한 음주는 해서는 안 되지만, 건강에 해가 되지 않고 도리어 도움이 되는 정도의 소량의 음주는 그리스도인의 자유에 속한 것이다. 그러나 그런 소량도 이웃과 함께 나누는 상황에서는 직장의 화기애애한 분위기나 친구들 간의 우애 증진에 도움이 될 때는 마시는 것이 좋으나, 그리스도인은 절대 음주해서는 안 된다고 믿는 '약한 형제'와 같이할 때는 그의 믿음에 걸림돌이 되지 않기

위해서 마시지 않는 것이 좋다. 전자도 후자도 다 이웃 사랑의 계명을 지
킨다는 정신으로 행해야 한다.

Chapter 9

Q 십일조를 꼭 출석하는 교회에 해야 하나요?
어려운 사람이나 어려운 다른 교회를
도와주면 안 되나요?
성경적인 십일조는 무엇인가요?

구약에서 십일조는 이스라엘의 열두 지파 중 땅을 배분받지 못하고 성전에서 섬기는 일을 담당하게 된 레위 지파를 위해, 그들의 성전 섬김과 그들의 생계를 위해, 땅을 배분받은 나머지 11지파가 자신들의 소출의 10분의 1을 바치게 한 법이다. 성전 섬김이 없는 신약시대에는 그 제도가 불필요하게 되었다. 그래서 신약성경에는 십일조에 대한 언급이 없다. 그러나 신약성경도 여러 곳에서 성도들이 자신의 재물을 교회의 형제들과 너그러이 나누기를 권한다. 특히 '복음 선포자는 복음으로 말미암아 생계를 얻도록' 한 예수님의 가르침에 따라 교인들이 헌금하여 교역자들의 생계 문제를 해결해 줌으로써 그들이 복음 선포와 목양에 집중하도록 하며, 교회를 지탱하고 교회의 사역을 발전시키도록 해야 한다. 그래서 교회에 대한 헌금은 꼭 필요하다.

그리고 십일조는 신앙의 좋은 훈련이다. 하나님께 감사하고, 의지하고, 사랑하며 이웃을 사랑하는 믿음을 키워 가는 좋은 방도다. 그러므로 그것은 권장할 필요가 있다. 그러나 그것을 율법으로 규정하고 강요하는 것은 옳지 않다. 특히 가난한 자들에게 그것을 강요하는 행위는 주 예수 그리스도와 사도들의 정신에 크게 어긋나는 것이다.

십일조도 이중사랑계명에 비추어 이해하고 행해야 한다. 그것은 하나님을 사랑하여 그의 교회를 위해서 하는 것인데, 그의 교회는 내가 출석하는 교회만이 아니다. 내가 출석하는 교회가 넉넉하면, 십일조의 일부를 아직 재정적 어려움을 겪는 하나님의 다른 교회에도 할 수 있는 것이다.

십일조는 또 이웃 사랑의 표현이기도 하다. 가난한 자들과의 나눔이라는 의미다. 그래서 교회가 모은 헌금을 알뜰하게 관리하고 선교, 구제, 교육, 사회정의 실현 등 이웃 사랑을 실천하는 사업들에 잘 쓴다면, 교회에 십일조하면 될 일이다.

그러나 많은 경우 교회들이 내부의 경비로 헌금의 대부분을 쓰고 때로는 심지어 사치스런 일들에 낭비하는 상황인 것도 사실이다. 따라서 주위에 가난하고 병들고 핍박받는 이웃들을 헌신적으로, 전문적으로 돕는 선교단체나 자선단체들에 십일조를 나누어 바치는 것도 필요하다.

십일조는 신앙의 좋은 훈련이다. 하나님께 감사하고, 의지하고, 사랑하며
이웃을 사랑하는 믿음을 키워 가는 좋은 방도다.

Chapter 10

Q 동성애자에 대한 성경적 시각은 무엇이며,
그들을 어떻게 대해야 하나요?

성경은 동성애를 타락한 이 세상에서 하나님의 창조 질서가 왜곡된 하나의 현상이라고 설명하며, 죄로 규정한다. 그러나 다른 죄들도 마찬가지로 하나님의 창조 질서를 거스르는 것들이다. 그렇기에 동성애만 죄로 취급하거나, 죄들 중 가장 크고 혐오스런 죄로 생각하는 것은 옳지 않다. 사실 많은 죄들이 그것보다 더 큰 폐해를 가져온다.

맘몬 우상숭배는 얼마나 많은 불의, 착취, 억압, 갈등, 살상을 낳는가? 정치적 독재나 불의한 사법제도가 얼마나 많은 사람들에게 큰 재앙을 가져다주는가? 교회에서 왜곡된 복음을 선포하는 것이 얼마나 많은 성도들의 삶을 파탄 나게 하는가? 비뚤어진 이성애도 얼마나 큰 폐해를 가져오는가? 그러므로 교회가 동성애를 죄로 규정하고 성도들에게 그것을 피하기를 권할 때, 다른 죄들에는 눈감고 그것을 부각시켜서 성도들로 하여금 동성애자들을 특별히 적대하게 해서는 안 된다. 동성애자들이 스스로를 어떻게 보든, 성경적 관점을 존중하는 교회는 그들을 왜곡된 창조 질서의 희생자들로 보고 안쓰럽게 생각해야지 차별하거나 적대해서는 안 된다. 그중 그리스도를 믿는 자들은 연약한 형제자매로 감싸 주어야 한다.

한편, 동성애적 성향을 가진 사람들은 성경이 명백히 동성애적 행위를 죄로 규정하며 금하니, 그런 성향과 충동을 억제하고 그 행위는 삼가야 한다. 이 문제도 이중사랑계명의 관점에서 판단해야 한다. 누가 이성애적 성향을 가졌다고 해서, 꼭 이성애적 쾌락을 누려야 할(자기만족 외의) 이유를 가진 것은 아니다. 이성애적 성향을 가진 사람들 중에서도 더러는 하나님 사랑과 이웃 사랑을 효과적으로 하기 위해서 자신의 성적 만족을 희생하며 독신으로 살면서 자신들의 소명 실현에 매진하지 않는가? 마찬가지로 누가 동성애적 성향을 가졌다 해서, 꼭 동성애적 쾌락을 누려야 할(자기만족 외의) 이유를 가진 것은 아니다. 동성애적 성향을 가진 사람들도 하나님을 사랑하며 이웃을 사랑하는 마음으로 자신의 성적 만족을 희생하며 자신의 소명을 실현해 가는 것이 필요하다.

동성애 문제도
이중사랑계명의 관점에서 판단해야 한다.

Chapter 11

Q 세종대왕이나 이순신 장군처럼 주님을 몰랐지만
착하고 선한 일을 많이 하고 모범적으로 산
불신자도 죽어서 지옥에 가나요? [10]

이순신 장군같이 예수 그리스도의 복음을 듣지 못한 사람들의 구원 문제는 원칙적으로 일반계시, 일반은총의 범주 안에서 생각해 볼 수 있다. 그런 분들이 각자 자신의 삶의 자리에서 하나님이 자연과 역사의 과정을 통해서 주시는 계시에, 자신의 양심에 새겨 주시는 참됨, 의로움, 선함에 대한 의식과 요구에 얼마나 순응하여 살았는가, 그리하여 전체적으로 어떤 열매를 맺었는가에 따라 하나님이 심판하실 것이다.

---

10 〈미주뉴스앤조이〉, "이순신 장군은 구원받을 수 있을까?"(2014년 8월 16일, 양재영 기자).

이때 우리가 특별히 유의해야 할 두 가지 진리가 있다. 첫째는 하나님이 그들을 심판하신다는 것이다. 둘째는 우리 주 예수 그리스도를 통하여 스스로를 계시하신 하나님은 사랑이시라는 것이다.

이 말은 곧 아둔하고 죄 많은 인간인 우리는 누구도 그들이 구원을 받을 것이라느니, 또는 구원을 못 받을 것이라느니 지레 판정하는 오만을 부려서는 안 된다는 것이다. 그것은 하나님의 절대 주권을 침해하는 죄를 범하는 행위다. 우리는 이순신같이 아무리 영웅시되는 인간도 (또는 심지어 그리스도인도), 그 사람의 삶을 속속들이 알 수 없다. 그리하여 그들이 과연 얼마나 하나님의 은총에 의지하고 그의 뜻에 합당하게 살았고, 또 얼마나 거슬러 살았는지도 모르지만, 하나님이 어떻게 판정하실지는 더더욱 모르는 일이다.

그리스도인들, 특히 한국의 개신교인들은 일반계시, 일반은총을 믿는다고 하면서도 이에 대해 너무 좁게 생각하거나, 비그리스도인들의 구원 문제 등과 관련해서는 그것을 사실상 무시해 버리는 경향이 있다. 그러면서 동시에 하나님을 아주 편협하게 인식하는 경향도 있다. 하나님을 죄인들을 용서하시는 사랑의 하나님으로 믿지 않고, 자신들과 같이 구원론의 몇 문장들을 복창하지 않으면 그냥 지옥에 보내는 무서운 분으로 인식하는 것이다. 그런 탓에 그리스도인들은 독선적이고 타인에 대해 정죄하는 태도를 많이 보인다.

우리 그리스도인들은 복음을 제대로 받지 못한 사람들의 운명에 대해 하나님의 심판을 대행하려 하지 말고, 다만 그들이 겨우 희미한 일반계시와 일반은총에 따라 사는 것보다 그리스도 안에 나타난 하나님의 온전한 은총을 덕 입고 하나님의 환한 계시에 따라 삶으로써 구원을 확실히 받도록 열심히 전도할 따름이다. 이순신 같은 사람들의 운명에 대해 의문이 생길 때는, 하나님께서 의롭고 자비롭게 심판하시되, 그들이 겨우 일반계시와 은총에만 의지하여 살았던 것을 감안하여 복음을 아는 우리보다는 더 너그럽게 심판하시지 않겠나 생각하는 것이 좋을 것이다.

이 말은 곧 그리스도를 통해 이루어진 온전하고 환한 하나님의 계시와 은총을 받아 이미 구원의 첫 열매를 얻기까지 한 우리 그리스도인들은 자신들이 과연 하나님의 최후의 심판석 앞에 어떻게 설 것인가의 문제를 더욱 진지하게 생각해야 한다는 말이다. 아무리 "예수를 구주로 시인한다"는 등 신앙고백을 하고 세례를 받고 교회 봉사를 오래 하여 장로가 되고 집사가 된 사람이라도 구원을 이미 따는 당상으로 여기는 것은 구원파적 신념이지 성경적인 신념은 아니기 때문이다.

그런 그리스도인들이 목사도 되고, 대통령도 되고, 장관도 되고, 판검사도 되고, 사장도 되어서 도리어 자리를 이용하여 더 큰 속임수를 쓰고, 불의를 행하고, 약한 자들을 억누르며, 자신의 영달을 꾀하는 등 하나님이 아니라 사단의 종 노릇하는 경우가 너무나 많은 것을 보면 한국 기독교계는 이 문제를 더욱 심각하게 고민해야 할 것이다.

그러므로 그리스도인들은 비그리스도인들에게 열심히 전도하되, 독선과 우월감과 패거리 정신으로 할 것이 아니라, 스스로에게 더 엄격하고 그들에게는 겸허하며, 측은히 여기고 너그러운 자세로 해야 한다.

Chapter 12

Q 이단에 빠진 성도를
무조건 교회에서 쫓아내는 것이 옳은가요?

마태복음 18장에 근거하여 교회는 그들을 '무조건' 쫓아내기보다는 그들을 불쌍히 여기고 잘 가르쳐 올바른 신앙을 갖도록 최선을 다해야 한다. 그러나 그들이 그래도 말을 듣지 않고 계속 다른 성도들에게 잘못된 신앙으로 악영향을 주며 교회 공동체에 갈등을 일으킨다면, 주 예수 그리스도의 교회의 거룩함, 의로움, 하나됨을 위해서 그들을 '파문'해야 한다(쫓아내야 한다).

2

그리스도인과

세상에

대하여

Chapter 1

세상의 소금이 된다는 것이
구체적으로 무엇입니까?
왜 그리스도인들이
세상의 소금 노릇을 못합니까? [11]

두 가지 이유를 들 수 있다. 하나는, 기독교의 '소금기'(곧 정체성)를 세상의 물로부터 보호하기 위해 세상으로부터의 분리, 즉 성별(聖別)의 원칙을 너무 강조한 나머지 세상 속으로 침투하여 우리의 '짠맛'을 주려고 적극적으로 노력하지 않기 때문이다. 옳지 않은 존재론적 또는 종말론적 이원론에 근거하여 이 세상을 포기하고 정죄하며, 자신들의 선민의식을 앙양하면서 독선과 배타성을 두드러지게 나타낸다. 기독교가 세상 속에서 그들이 알아듣는 언어로 적극적으로 대화하여 그들을 설득시키기

---

11 〈총신원보〉(1992년 10월).

보다는, 선교라는 이름하에 그들이 알아듣거나 말거나 복음을 일방적으로 기독교만의 특수언어로 선포한다. 기독교의 이런 경향이 고대나 중세 교회의 수도원 이념으로 극단적으로 표현되었지만, 이런 현상은 오늘 이 땅, 이 세상 속에 존재하는 교회의 일부 행태에서도 강하게 나타난다.

보수 그리스도인들이 세상의 소금 노릇을 하지 못하는 보다 더 근본적인 이유는 우리 자신이 기독교의 '짠맛'(정체성)을 제대로 유지하지 못하는 데 있다. 대부분의 보수 그리스도인들의 정체성은 무엇인가? 물론 예수 그리스도를 통하여 이루어진 하나님의 계시와 구원을 믿음이 그들의 정체성의 근본일 것이다.

그러나 이 믿음이 실제로 우리 삶에서 어떻게 표현되는가? 주로 주일에 교회에 가서 예배하고, 성경 읽고 기도생활하며, 십일조 등의 헌금을 하고, 술 마시지 않고 담배 피우지 않는 등 몇 가지 외형적인 규범들을 따르는 것으로 표현되지 않는가? 아니면 주 예수 그리스도의 가르침에 따라 하나님에 대한 전적인 헌신과 '내 몸같이 사랑하라'(막 12:28-34)는 이웃에 대한 사랑으로 표현되는가?

우리의 정체성이 후자로 더 두드러지게 표현되어야 진정으로 세상의 소금 노릇을 할 수 있다. 오늘날 물신주의의 우상숭배가 얼마나 많은 가치관의 도착, 사상의 혼란, 인간성의 황폐화 등 세상의 부패를 가져오는가? 오늘날 이웃 사랑의 결핍이 인간관계를 얼마나 살벌하게 하는가? 모든 거짓과 불의, 압제와 착취, 갈등, 퇴폐와 추악함… 이것들이 다 어디서 오는가? 이런 것들을 몰아내고, 대신 참과 선과 아름다움으로 세상을 가득 채우는 것이 소금으로서 그리스도인들의 사명인데, 우리가 그 사명을 주 예수 그리스도의 가르침에 따라 하나님에 대한 전적인 헌신과 '내 몸같이 사랑하라'는 이웃에 대한 사랑 외의 어떤 방법으로 이룰 수 있을까?

우리의 정체성이 겨우 주일 성수나 음식 가리기만으로 표현된다면, 우리를 세상으로부터 분리시키고 세상으로부터 소외당하게 하는 것은 물론, 소금의 둘째 조건인 세상 속으로 선교적 침투를 어렵게 할 뿐만 아니라, 사실 세상을 변화시킬, 그리하여 살 '맛'나게 할 힘을 갖지 못하게 된다.

비기독교적 환경과 어떻게 교류하며 살아야 하는가에 대한 바울의 가르침

신학과 삶과 사역의 자세 등 모든 면에서 주 예수 그리스도의 뜻을 정확히 이어받은 사도 바울의 고린도인들에 대한 가르침은 우리에게 확실한 지침을 준다. 고린도인들이 그에게 제기한 질문들 중 하나는 신전에 부설된 푸줏간에서 우상에게 먼저 제사되고 도축된 고기를 그리스도인들이 사 먹어도 되는가 하는 것이었다. 이 문제는 당시 고린도교회의 '강한 자들'과 '약한 자들' 사이의 한 쟁점으로서 교회의 하나됨을 훼손하는 것이었다. '약한 자들'은 그런 고기를 먹으면 우상숭배하는 것이고, '귀신 붙은' 고기를 먹는 것이므로 절대 불가하다고 주장하며, 그런 고기를 먹는 그리스도인들은 엉터리 신자들이라고 비난하고 정죄하였다. 한편 '강한 자'들은 유일신 하나님을 믿는 우리 그리스도인들에게 이교도들이 무지하여 믿는 신들(우상들)이 무슨 실체가 있는 것이냐, 그런 신학적 터득이 없어 그리스도인의 자유를 누리지 못하는 저 '약한 자들'은 어리석은 자들이라고 비하하였다. 이와 비슷한 논쟁이 로마서 14-15장에도 나오는데, 그리스도인들이 비기독교적 환경과 어떻게 교류하며 살아야 하는가라는 원칙적인 문제에 대한 것이었다. 바울은 이 문제를 고린도전서 8장에서 10장까지 세 장에 걸쳐 아주 신중하게 다루면서 다음과 같은 가르침으로 결론짓는다.

1. 시장에서 파는 고기를 우상에 바쳐졌는지 따지지 말고 사서 먹으라 (그리스도인의 자유).
2. 이웃집에 초대받았을 때, 주인이 내놓은 음식도 따지지 말고 먹으라(그리스도인의 자유).
3. '약한' 형제에 상처를 줄 가능성이 있으면 그 음식을 먹지 말라(이웃 사랑).
4. 우상숭배(또는 우상 신전에서의 잔치 참여)는 피하라(우상숭배 배격).

이렇게 고린도전서 8-10장에서 바울은 '약한 자들'에 대하여 그리스도인들의 자유를 '강한 자들'과 함께 천명하면서, '강한 자들'에 대하여 하나님에 대한 헌신과 이웃 사랑의 원칙에 따라 우상숭배에 빠지지 말고 '약한 자들'을 위해 자신들의 자유를 제약할 것을 역설한다.

이것을 위해 바울은 고린도전서 9장에서 자신의 사도적 행태를 모범으로 제시한다. 더 많은 사람들을 그리스도인으로 이끌기 위해, 유대인들에게는 유대인과 같이 되어 그들의 율법을 지키고, 율법 없는 이방인들에게는 율법 없는 자같이 행한다고 한 것이다(고전 9:19-23). 바울이 유대인들 사이에서는 준수하되 이방인들 사이에서는 무시한 율법들이 무엇일까? 아마 할례, 안식일, 음식법들이었을 것이다. 당시 유대인들은 이 법들을 하나님의 백성 됨의 표징들로 보고, 또 자신들을 이방인들로부터 보호하는 '담장'으로 여겼기 때문에 절대적 의미를 부여했다.

그러나 바울은 그들을 아디아포론(adiaphoron, '차이 없는 것')으로 보고, 오히려 하나님에 대한 전적인 헌신과 이웃 사랑에 절대적 의미를 부여했다. 안식일에 병자들을 치유하시며, 음식법들을 무시하고 죄인들과 먹고 마시며, 다른 한편, 율법을 하나님에 대한 절대적 헌신과 이웃을 내 몸같이 사랑하라는 말씀으로 요약하시고, 율법에 집착하며 헌신과 사랑을 등한시한 바리새인들을 외식하는 자들로 호되게 꾸짖으셨던 예수님의 가르침을 완벽히 따른 것이다. 사실 당시 유대인들은 전자에서 자신들의 정체성을 찾으려고 성별(聖別)을 강조하며 자기들끼리만 모여 생활하는 게토를 형성하고 살았다. 그래서 그들은 나름대로 '소금기'를 유지했지만, 세상에 대해서는 아무 쓸모없는 '소금기'였으며, 세상으로부터 따돌림만 당하여, 그들을 통하여 세상을 구원하시려는 하나님의 뜻은 이루어 드리지 못하고 말았다.

기독교 계명의 참 뜻을 헤아려 올바로 실천하라

오늘날 우리 그리스도인들은 무엇에서 정체성을 찾고 있는가? 우리는 유대인들과 같이 안식일 지킴(특정한 방법대로 주일 성수)이나 음식 가리기(술, 담배 삼가) 등 외적 표징들에는 절대적 의미를 부여하여 거기서 조금만 흐트러져도 큰 죄책감을 느끼면서도, 물신주의의 우상숭배에 빠지고 이웃을 억누르고 더 (물론 물신주의적으로) '성공'하고 더 '출세'하려고 날마다 애쓰는 데는 아무런 양심의 가책도 느끼지 않는 건 아닌가? 회사에서 직원들에게 열심히 전도하고 직원 예배를 신실하게 드리며, 술, 담배 안 하는 것을 자랑하면서, 탈세, 뇌물수수, 불법, 노동자 착취 등을 일삼는 장로 사장들이 얼마나 많은가?

기독교인 행세하는 정치가들과 고관들 중에도 하나님에 대한 경외와 백성에 대한 사랑의 의무는 도외시하고, 대신 자신의 권력을 남용하여 불의와 압제와 부정축재를 일삼는 자들이 얼마나 많은가? 그런 권력자들에 아부하여 이권을 챙기는 목사들은 또 얼마나 많은가? 이렇듯 예수님이나 바울 사도가 별로 중요치 않게 여긴 것들은 중요시 하면서 그분들이 정작 절대적으로 요구한 이중사랑계명은 도외시하는 한, 우리는 옛 유대인들보다 나을 것이 없다. 이 세상의 소금 노릇을 하기는커녕, 독선과 위선에 빠진 자들로 조롱과 멸시의 대상이 되고 말 것이다. 사실 이것이 오늘날 한국 교회의 모습이 아닌가?

그러나 우리 그리스도인들이 하나님에 대한 전적인 헌신과 이웃을 내 몸같이 사랑하는 이웃 사랑을 그리스도인 됨의 진정한 표징으로 삼고, 이를 실천하려 애쓰며, 주일 성수, 음식 가림 같은 그리스도인 됨의 외형적 표징들도 이 두 계명들에 비추어 그것들의 참 뜻을 헤아려 올바로 표방할 때, 우리는 물신주의의 우상숭배와 이기심으로 부정부패와 불의가 만연해서 썩어 가고 죽어 가는 세상에 소금으로서 역할을 다할 수 있을 것이다. 세상에는 소금이 절실히 필요하다.

교회가 세상의 소금 노릇하기를 거의 실패하고 있는 데는 물론 목회자들이 궁극적으로 책임을 져야 한다. 목회자들이 하나님의 말씀을 제대로 가르치지 못하고 그 말씀에 순종하기를 제대로 훈련하지 않은 결과이기 때문이다. 기독교적 신앙생활의 겉모습에 집착할 것이 아니라, 그것의 본질, 즉 하나님에 대한 전적인 헌신과 이웃에 대한 사랑을 실천하는 삶을 살도록 가르치고 훈련해야 한다.

Chapter 2

Q

한국 교회가 세상으로부터
'개독교'로 불리며 모욕받고 있습니다.
해결 방법은 무엇입니까? [12]

교회가 하나님의 통치에 순종하는 사람들임을 나타낼 때는 '하나님의 백성'이라 묘사하고, 하나님의 보호를 받는 상속자로서의 정체성을 강조할 때는 '하나님의 자녀'라고 부른다. 이처럼 성경은 교회와 하나님의 관계, 교회와 예수의 관계를 여러 가지 그림언어들로 설명한다.

마태복음 5장 13-16절에서는 교회의 세상에 대한 사명을 나타내기 위해 '소금'과 '빛'이라는 그림들을 사용한다. 부패를 막고 병을 치유하

---

12 〈뉴스앤조이〉, "교회가 정의·인권 확대 앞장서야"(2013년 12월 17일, 한경민 기자).

는 데 유용하게 쓰이는 소금처럼 암흑(무지와 혼돈)을 극복하고, 환하게 비추는 빛(계시, 지식)처럼 교회가 세상에서 거짓, 불의, 갈등 부패를 몰아내고, 진리, 정의, 화평을 이루는 공동체임을 나타내는 본문이다. 교회는 세상에 하나님 나라의 샬롬을 가져오는 하나님의 구원의 실행자, 일꾼(agent)이다.

하지만 한국 교회는 소금과 빛의 역할을 제대로 하지 못했다. 교회가 세상의 '빛'(하나님의 계시의 전달자) 노릇을 하기 위해 전도와 선교에 애쓴 것은 사실이다. 그러나 그것을 '구령 사업'으로만 이해하고, 복음을 "예수 믿으면 구원받고 천국 간다"는 단순한 말로 표현하면서, 전도와 교회 성장에만 매달렸다. 반면 세상에서 자유와 정의와 평화를 확대하고, 인권을 신장하는 등의 사회 개혁은 교회의 역할이 아니라는 주장이 많은 보수 교회들 안에서 고정관념처럼 굳어졌다. 그 결과, 한국 교회는 세상에서 버림받았다.

마태복음 5장 16절에서 예수는 교회가 세상의 소금과 빛의 노릇을 제대로 하여 "너희 착한 행실을 보고 사람들이 하나님을 찬양하게 하라"고 했지만, 지금은 그 반대가 되었다. 교회가 세상보다 더 부패하고 더 갈등을 많이 일으키고 그리스도인들이 진정한 의와 사랑을 보여 주지 못하면서 독선적이고 위선적으로만 보일 뿐이니 사람들로부터 욕을 먹고 있는 것이다. 교회가 세상보다 더 부패하고 더 싸워대면서, 세상을 향하여 하나님의 진리와 의와 사랑의 복음을 선포하니(즉 세상의 '빛'이 되겠다고 주장해 대니), 세상이 그런 교회를 '개독교'라 부르고 "너나 잘하세요" 하고 조롱하는 것이다.

이렇듯 교회는 '산에 세운 하나님의 도성'으로서 암흑 같은 세상에 빛을 비춰 거짓과 불의를 몰아내고, 하나님의 진리와 생명을 가득 차게 하는 데 실패했다.

지금이라도 한국 교회가 소금의 역할을 제대로 감당해야 한다. 부패, 갈등, 고난으로 가득 찬 사회를 치유하기 위해서 사랑, 자유, 정의, 화평을 확대하는 데 앞장서야 한다. 그러면 교회는 자연히 세상에 하나님의 계시와 구원의 전달자(즉 '빛') 노릇을 제대로 할 수 있게 된다. 사람들이 교회를 통해 하나님의 존재와 구원자 되심을 깨닫고 찬양하게 된다. 열방이 예수 그리스도의 이름에 '믿음의 순종'을 하도록 하는 것, 온 세상이 창조주 하나님을 알고 통치를 받게 하는 것이 교회의 사명인데, 그 사명을 올바로 감당하려면 교회는 먼저 소금 노릇을 제대로 해야 한다.

성도들은 소극적인 경건주의에서 벗어나야 한다. 신앙생활을 주일 성수, 헌금, 전도하기, 술 담배나 음행 안 하기 정도로만 생각하는 데서 벗어나야 한다. 이는 바리새인들의 율법주의적 집착과 같은 것이다. 예수는 이런 율법주의자들을 자기 의를 내세우며 위선하는 자들이라고 꾸짖고, 이중사랑계명을 적극적으로 실천하도록 가르치셨다. 그리스도인들이 주 예수의 이 가르침을 제대로 실천할 때 그들은 세상의 소금과 빛이 되는 것이다.

Chapter 3

Q '기독교인의 현실 정치 참여'에 대해
갑론을박이 일어나고 있습니다.
바울의 '정치신학'을 통해 바라본 기독교인의
정치 참여, 현실 참여를 평해 주시겠습니까? [13]

바울의 정치신학은 아주 변증법적이다. 바울은 로마제국이 사단 통치의 매체가 되어 민족들을 무력으로 정복하고 경제적으로 수탈하고 압제하는 사악함, 문화적인 타락, 황제 숭배 등을 조장함에 대해선 분명 비판적이었다. 하지만 바울은 로마제국을 하나님의 종으로서의 역할도 하고 있다고 인정했다. 로마제국은 당시 지중해 세계에(무력에 의한 것이기는 했지만) 하나의 통일된 평화의 세계를 확보했고, 고대 사회로서는 가장 발

---

13 〈뉴스앤조이〉, "교회 개혁, 삐뚤어진 칭의부터 바르게"(2011년 11월 9일, 김태완 기자).

전한 정의로운 법 집행, 유능한 행정체계를 갖춘 국가였는데, 그것이 바울의 세계 선교의 물리적 조건이 되었던 것이 사실이다. 바울은 로마의 이러한 면을 인정하고, 로마의 그리스도인들에게 반란이나 조세 저항에 참여하지 말고 로마의 통치자들에게 순종하고 세금을 내라고 일렀다. 그게 로마서 13장이다.

예를 들어, 바울은 노예제에 대해서 그것의 사악함을 아주 비판적으로 보았다. 그렇기에 그는 이제 "너희는 유대인이나 헬라인이나 종이나 자유인이나 남자나 여자나 다 그리스도 예수 안에서 하나이니라"(갈 3:28)는 위대한 선언을 한 것이다. 칭의의 복음의 사회적 의미를 함축적으로 드러낸 이 선언은 그리스도의 구속의 세계 속에서는 이 타락한 세상의 불평등과 불의를 낳는 전형적인 구분들, 인종적 구분, 신분적 구분, 성적 구분이 해소됨을 설파하는 것이다. 모두 동등한 하나님의 자녀들, 하나님의 백성이 된다는 것이다.

고린도전서 7장에서는 바울이 이 선언에 따라 부부관계도 동등성과 상호성의 원칙 아래 새롭게 정립하고, 자유자와 노예의 관계도 새롭게 정립한다. 사실 갈라디아서 3장 28절과 같은 본문들, 그리고 빌레몬에게 그의 노예 오네시모를 돌려보내면서 더 이상 그를 노예가 아니라 형제로 받으라고 당부함 등은 실질적으로는 노예해방을 부르짖은 셈이다. 노예제가 사회경제 구조의 근본을 이루었던 고대 사회에서는 하나의 혁명적 발언이 아닐 수 없다.

로마제국에 대해 변증법적 관점을 가지고 있던 바울

그렇다고 바울이 '노예제를 철폐하라'고 공개적으로 부르짖거나, 억압받고 수탈당하는 민족들을 해방하기 위해 정치적 투쟁을 벌인 것은 아니다. 바울은 정복과 수탈, 황제 숭배와 도덕적 타락을 조장하는 로마제국을 사단의 화신으로 보고, 하나님의 통치를 대행하는 주 예수 그리스도가 그의 교회를 군대(14만 4,000)로 삼아 그것에 대해 성전(聖戰)을 전개하여 승리한다는 식으로, 즉 요한계시록 식으로 복음을 선포하지 않았다. 그런데도 1990년대 말, 2000년대 초에 미국 부시 정권의 제국주의적 경향에 대항하여 일부 미국의 신약학자들이 바울을 2천 년 전에 미리 나타난 마르크시스트 혁명가로 만들려고 시도하기도 했다. 이제는 그 유행이 시들어 가고 있지만.

앞서 예를 든 대로 만민의 동등한 인권과 사회정의를 복음의 근본적이고 함축적인 의미로 철저히 깨닫고 있으면서도 바울이 실제로 정치적 혁명이나 사회개혁 운동을 하지는 않고, 그리스도의 복음을 선포하여 사람들로 하여금 '의인'이 되어, 즉 주 예수 그리스도가 대행하는 하나님의 통치를 받는 사람이 되어, 인종차별, 신분차별, 성차별 등의 불의를 극복하고, 사랑으로 서로를 섬기는, 그리하여 진정한 정의와 평화의 공동체를 이루도록 하는 데 집중한 데는 여러 이유들이 있다. 바울이 로마제국에 대해 변증법적 관점을 가지고 있었다는 것과 더불어, 사단의 죄와 죽음의 통치를 보다 근본적인 문제로 보았으며, 그의 종말론(특히 임박한 종말론), 그리고 당시 교회가 정치적 관점에서 볼 때 무의미할 정도로 미미한 새싹에 불과했다는 사실 등을 꼽을 수 있겠다.

일부 보수주의자들은 예수나 바울이 정치, 사회적 혁명이나 개혁 운동을 하지 않았다는 것을 내세우면서 오늘날 교회도 인권 증진, 정의와 평화 실현 등을 위해서 정치, 사회적 운동을 전개하는 것에는 관심을 갖지 말고, 오로지 '구령 사업'만 해야 한다고 주장한다. 그래서 아주 좁은 의미의 전도와 선교에만 집중한다. 아주 무식한 목사들이나 신자들은 그리스도인들은 '예수 믿고 (영혼이) 천당 가는 일'에만 관심을 가져야 한다고 생각한다. 그들은 하나님 나라의 현재성에 대해, 즉 주 예수 그리스도가 지금 대행하는, 온 세상에 걸친 하나님의 구원의 통치에 대해서는 의식이 없고, 복음의 사회적, 문화적 함축 의미들을 이해하지 못하며, 예수와 바울의 정신을 깨닫지 못하고 있는 것이다.

그리스도께서 그의 교회를 세상 구원의 도구로 세우신 뜻을 받들라

물론 교회는 인간의 근본 문제가 사단의 죄와 죽음의 통치에 있다는 의식을 갖고 하나님 나라의 복음을 선포하여 사람들로 하여금 사단의 통치에서 벗어나 하나님 나라로 이전되도록 하는 일(전도)에 힘써야 한다. 또한 그런 '주권 전이'를 한 성도들로 하여금 죄를 짓게 하고 죽음으로 대가를 치르게 하는 사단의 통치에서 벗어나 의를 행하고 생명을 얻게 하는 하나님의 통치를 받도록 하는 일에 집중하여 교회가 거룩함과 사랑, 정의, 화평의 공동체를 이루도록 노력해야 한다. 그러면서 동시에 주 예수 그리스도께서 그의 교회를 세상의 구원의 도구 또는 일꾼('소금과 빛')으로 세우신 뜻을 받들어야 한다. 역사적으로 볼 때 교회가 그릇된 성경 해석과 신학으로 이 사명을 제대로 감당하지 못하고 도리어 역행한 경우도 많았다. 그러나 교회가 복음을 제대로 선포하고 복음에 합당한 삶을 올바로 가르쳐 노예해방과 여성해방의 실현에 크게 기여하고, 인권과 정의와 화평의 확대에 큰 역할을 한 것도 사실이다. 교회사의 이런 변증법적 현상은 서구 민주주의의 발달 과정에서도 볼 수 있으며, 우리 한국의 짧은 교회사에서도 확인할 수 있다.

이제 그리스도의 교회는 바울 시대와는 달리 전 세계적으로나 한국 내에서나 더 이상 미미한 존재가 아니다. 상당한 정치적, 사회적, 문화적 변혁의 힘을 가지고 있는 존재다. 그렇기에 한국 교회도 한국과 세계 도처에서 복음을 선포하며, 주 예수 그리스도의 구원이 종말론적인 완성의 약속과 함께 현재 만인의 인권 증진과 정의와 평화의 실현으로 나타나도록 하는 주의 일꾼(또는 군사) 노릇을 잘 감당해야 한다.

그런데 현실은 어떤가? '보수주의자'(복음과 올바른 신앙을 '보수'하는 자)로 자처하는 사람들이 인권과 정의와 평화를 등한시하고, 심지어 그것들을 짓밟는 권력이나 금력에 아부하며 그들의 불의와 부정의 덕을 보려 하는 한심한 작태가 벌어지는 곳이 오늘의 한국 사회와 교계가 아닌가?

Chapter 4

Q 기독교는 현재 세계적으로
종교다원주의라는 이슈에
직면하고 있는데요,
이에 대해 어떻게 보아야 하나요? [14]

이 문제는 19세기 말부터 토론된 주제이기도 하지만, 현재의 세계화와 포스트모더니즘의 상대주의 시류 때문에 더 많이 토론되는 것 같다. 여러 종교의 신봉자들이 더불어 사는 한국 같은 나라에서는 사회 공동체의 화평과 안녕을 위해서라도 이 문제를 제대로 이해하는 것이 절실하다. 그래서 나름의 의견은 가지고 있지만, 전문가가 아니기에 그것을 개진함에 있어 조심스러워지는 면이 없지 않다.

---

14 월간 〈목회와 신학〉 통권115호(1999년 1월 1일) 이달의 신학자 "보다 성숙한 성경 해석이 필요합니다" (170-171면).

'종교다원주의'가 하나님의 아들 우리 주 예수 그리스도만이 아니라 다른 신들이나 종교들을 통해서도 구원을 얻을 수 있다고 믿는 것이라면, 성경의 관점에서, 그리고 역사적 기독교 신앙 전통의 관점에서 결코 용인할 수 없다. 그렇다고 해서 다른 종교들에는 진리, 선함, 아름다움이 없다고 주장하는 것은 옳지 않다. 성경적 관점에서 보면 그들도 한 하나님, 한 주 예수 그리스도의 일반계시와 일반은총에 힘입어 그런 요소들을 많이 가지고 있다.

실제로 우리 그리스도인들보다 더 큰 의와 사랑을 베푸는 다른 종교의 신봉자들이 주 예수 그리스도 안에 이루어진 특수계시와 특수은총을 덕 입고 하나님의 영(성령)을 받아 산다는 우리를 부끄럽게 하는 경우도 허다하다. 그러나 성경적 관점에서 보면, 다른 종교들은 근본적으로 일반계시와 일반은총으로 얻은 하나님(의 진리)에 대한 지식이 자기주장 하려는 의지(자신의 지식과 선행으로 구원을 얻으려는 의지)와 변증법적 구조를 이룸으로써 그 종교들의 신봉자들이 결국 자신의 득도(得道, 깨달음, 지식)와 선행으로 구원을 얻으려 하는 자기 구원론에 빠지기 때문에 인본주의를 벗어나지 못하는 것이다.

기독교는 그리스도의 죽음과 부활을 통한
하나님의 구원을 믿는 종교

'구원'이 우리를 인간의 한계성 및 결핍성에서 벗어나 온전케 하는 것이라면, 그것은 우리 인간이 스스로의 피조물적(한계적) 자원을 동원하여 이룰 수 있는 것이 아니다. 초월의 하나님의 힘, 즉 무한/전능자의 은혜를 덕 입음으로써만 가능한 것이다. 그런데 성경은 초월하여 무한하시기에 우리를 구원할 수 있는 하나님의 은혜가 실제로 그의 아들 우리 주 예수 그리스도를 통해서, 그의 십자가의 죽음과 부활을 통해서 이루어졌다는 '복음'을 선포하고 있다. 그리고 그것을 믿는 것이 기독교다. 그렇기에 성경적 기독교는 모든 사람에게 주 예수 그리스도를 믿음으로 구원을 얻으라, 즉 '주 예수 그리스도의 죽음과 부활을 통해서 하나님의 구원의 힘(은혜)이 계시되었다는 것을 믿고, 그만을 주로 의지하고 순종하라, 그리하면 구원을 얻는다'고 선포하고(예: 롬 10:9-10), 그 선포에 응한 사람들을 자신들의 "우상을 버리고 하나님께로 돌아와서 살아 계시고 참되신 하나님을 섬기"며 "그의 아들이 하늘로부터 강림하실 것을 기다리는" 사람들이라고 지칭한다(살전 1:9-10). 이렇게 성경적 기독교는 모든 사람들에게 주 예수 그리스도에 대한 명백한 신앙고백과 '개종'을 요구한다.

그러나 기독교 신학자들 가운데서도 하나님의 계시와 구원의 중보자인 그리스도가 영원히 선재한 로고스로서 또는 온 우주를 통치하는 만유의 주('우주적 그리스도')로서 다른 종교들 안에서도 그리고 그들을 통하여 그들의 신도들 가운데 역사하셨고 여전히 역사하신다고 이해하고, 그러므로 다른 종교들을 기독교와 근본적으로 차이가 없다고 생각하는 이들이 있다. 어떤 이들은 여러 종교가 관용어나 의식의 형식에는 차이가 있어도 그들이 다양하게 표현하는 본질적 뜻이나 지향하는 목표는 같은 것이라고 생각한다. 따라서 힌두교의 경전 《베다(Veda)》에 나오는, 종교의 일원론(Monism)을 잘 나타내는 비유, 즉 여러 종교를 코끼리의 상이한 부분을 만지고는 자기가 만진 부위가 진리(신 또는 실체)의 전부라고 우겨대는 네 장님들의 비유를 들거나 여러 종교를 같은 산 정상 또는 목표(신, 진리, 사랑, 평화 등)를 향해 가는 상이한 길들일 뿐이라는 비유를 들기도 한다.

이렇게 생각하는 사람들은 의식적으로나 무의식적으로 힌두교나 불교의 일원론적 세계관을 전제하는 경우가 많고, 그 종교들과 기독교를 사상(ideas)의 평면에서 비교하고 그들이 추구하는 가치들의 동질성을 확인하려는 경향을 나타낸다. 그리하여 그들은 2천 년 전에 일어난 나사렛 예수의 사건, 즉 그의 하나님 나라 선포와 십자가에서의 희생과 부활의 구체적 역사적 사건을 통해, 유일하신 하나님의 온 세상을 위한 계시와 구원이 이루어졌다는 기독교의 특수한 주장을 무시한다.

기독교의 특수주의가 다른 종교와의 갈등을
유발한다는 비판에 대해

종교다원주의를 주장하는 사람들은, "천하 사람 중에 구원을 받을 만한 다른 이름을 우리에게 주신 일이 없음이라 하였더라"(행 4:12)는 말로 간명하게 표현되는 기독교의 특수주의(particularism)에 대해 편협한 배타주의라고 매도하는 경향이 강하다. 무지한 그리스도인들이 다른 종교들에게, 그들의 신봉자들에게 무례한 태도를 보이면서 아주 공격적으로 전도와 선교를 하기 때문에 그런 비판이 더 거세게 일곤 한다. 종교다원주의를 주장하는 사람들은 그리스도인들이 기독교에만 진리와 구원이 있다고 주장하는 절대주의(absolutism)와 특수주의가 한국 같은 다종교 사회에서 종교 간의 갈등을 야기한다고 비판한다. 많은 사람들이 전 세계적으로 날로 심각해지는 종교들 간의 분쟁을 보면서, 한국도 하나의 다종교 사회로서 여러 종교들이 각각 자신의 종교에만 진리 또는 구원이 있다고 주장하여 서로 대립하고 갈등할 것이 아니라, 종교다원주의를 받아들여 상호 존중하고 협동하여 사회 통합과 화평에 기여해야 한다고 생각하는 것이 사실이다.

예수의 가르침을 제대로 받은 그리스도인들이라면 타 종교인들을 존중하고 사랑으로 대해야 한다. 한국의 일부 그리스도인들에게서 나타나는 아주 볼썽사나운 모습이 하나 있다. 그들은 특히 불교에 대해 적대감을 가지고 무례를 넘어 호전적인 태도를 보이기까지 한다. 거리나 전철에서 스님들을 만나면 모욕을 주는 짓도 거리낌 없이 한다. 왜 그렇게까지 하는 걸까? 그들은 스님들이 우상숭배를 하기 때문이라고 주장한다. 아주 무식한 열성 그리스도인들 중에는 불상을 훼손하는 일을 마치 하나님 섬기는 일로 생각하기도 한다.

그러나 누차 지적했듯이 실제로는 그들 자신이 불상보다 더 큰 맘몬 우상숭배를 하고 있다는 것을 알고나 있을까? 몰상식한 그리스도인들의 그러한 무례하고 호전적인 태도는 탈레반이나 ISIS 같은 이슬람 극단주의자들의 그것과 정도의 차이는 있어도 본질적으로 유사한 것으로서 진정한 기독교 정신이 아니라 저열한 패거리 정신일 뿐이다. 그런 정신과 태도로 말미암아 기독교가 얼마나 많은 비판과 배척을 받고 있는가? 지금 한국의 교회가 '개독교'라 비판받고 급격히 쇠락하는 요인들 중 하나가 그런 무지한 근본주의적 그리스도인들의 행태, 전도의 문을 닫아 버리는 독선과 무례와 호전성일 것이다.

진정한 기독교적 정신을 가진 사람은 스님들을 볼 때 그들을 멸시하거나 적대하는 것이 아니라, '아 저 분들은 그리스도의 은혜를 모르기에 처절한 수행을 통해 진리를 깨닫고 구원을 얻으려 하는구나. 참 안쓰럽다. 어떻게 하면 저 분들을 도와 그리스도의 은혜를 알게 할 수 있을까?' 하는 마음을 먹어야 한다. 그러면서 그들에게 친절을 베풀어야 대화가 시작될 수 있고 전도의 기회도 생기며, 제3자의 눈에도 그리스도인들이 의롭고 사랑이 많은 사람들이라는 좋은 인상을 줄 수 있다.

예수는 우리에게 이렇게 당부하셨다. "그들로 너희 착한 행실을 보고 하늘에 계신 너희 아버지께 영광을 돌리게 하라"(마 5:16).

타 종교인들을 존중하고 사랑하는 것이 기독교인의 도리라면, 그들에게 주 예수 그리스도의 복음을 증거하는 것은 그리스도인의 의무다. 따라서 그들과 친절하고 정직한 대화를 통해서 '나는 왜 당신이 믿는 바가 진리라고 보지 않고 내가 믿는 바가 진리라고 보는지'를 설명하고, "당신이 내가 당신이 믿는 진리를 받아들이면 좋겠다고 생각하는 것처럼, 나도 당신이 내가 믿는 진리를 받아들이면 참 좋겠다고 생각합니다"라고 말할 수 있고, 말해야 한다.

그냥 적당히 '나도 맞고 너도 맞다고 하자'는 식은 완전히 인도 종교들의 일원론(Monism) 체계에서나 가능한 일이다. 이것은 '하나의 본질이 다양한 현상들로 나타나니 모든 종교는 신(神) 또는 구원에로 가는 다양한 길들이다'라는 세계관이다. 기독교도들에게 그런 식의 종교다원주의를 가지라고 권하는 사람들은 이미 그런 체계 안에 서 있는 사람이다. 그런 일원론 내지 범신론(Pantheism)의 세계관을 가진 인도 종교들이 매우 관용적이고 포용적인 것처럼 보이지만, 사실은 그 나름대로 절대적으로 배타적이고 비관용적인 면을 가지고 있다. '모든 종교는 진리의 다양한 표현들이다. 또는 구원에로 가는 다양한 길들이다'라는 일원론적 전제를 인정하는 종교들은 설령 구체적으로 나의 것과 다른 형태를 가진 것들이어도 다 관용한다.

그러나 그런 모니즘(일원론) 체계 안에 들어가기를 거부하는 종교, 그런 세계관적 전제를 받아들이지 않는 종교는 관용하지 않는다. 일원론 및 범신론이 절대적 진리로 전제되어야 하고, 그러므로 그것과 상반되는 모든 것은 거짓 또는 오류로 배격되어야 하기 때문이다. 그렇기에 힌두교의 일원론 및 범신론은 기독교나 이슬람교의 유일신론만큼 배타적이고 비관용적인 절대적 진리 주장을 내포한다. 그래서 인도의 힌두교도들은 자신들의 힌두교는 아주 포용성이 크고 관용적인데, 유일신론을 내세우는 기독교나 이슬람교는 아주 배타적이고 비관용적이라고 비판하면서, 동시에 이슬람교도들과 계속 싸우고 기독교도들을 핍박하는 모순을 드러내는 것이다. 그럴 수밖에 없는 이유는 모든 진리는 비진리를 배타할 수밖에 없기 때문이다.

'모든 종교는 하나의 본질에 대한 다양한 현상들에 불과하다. 모든 종교가 같은 신 또는 구원에 이르는 다양한 길들에 불과하다'라고 주장하는 모니즘적 전제를 절대적 진리로 내세우는 종교다원주의는 '예수 그리스도를 믿음으로만 구원을 얻는다'는 '복음'을 절대적 진리로 내세우는 기독교만큼 배타적이고 비관용적인 것이다. 후자를 비판하면서 전자를 받아들이라고 설득하는 것은, 전자를 비판하며 예수 그리스도를 믿으라고 설득하는 것만큼 '제국주의적' 선교 행위인 것이다.

그러므로 역사적 기독교는 일원론적·범신론적 세계관 또는 종교관의 전제 위에 세워진 종교다원주의의 비판을 두려워할 이유가 없고, 우리가 진리라고 믿기에 배타성을 띨 수밖에 없는 그리스도의 "복음을 부끄러워할" 필요가 없다(롬 1:16-17).

그리스도인들은 성경적 관점에서 다른 종교들 안에 나타나는 하나님의 일반계시와 일반은총의 반영을 선의로 존중하면서 동시에 인간의 자기주장하려는 의지에 의해 그것이 왜곡되는 현상들도 직시하고, 자신들도 그리스도의 복음을 비슷하게 왜곡하지 않도록 노력하여야 한다. 그러면서 타 종교인들에게도 주 예수 그리스도의 복음을 증거해야 한다. 그들에게 안쓰러운 마음을 가지고 예의 바르게, 그리고 사랑을 베풀면서.

타 종교인들을 존중하고 사랑하는 것이 기독교인의 도리라면,
그들에게 주 예수 그리스도의 복음을 증거하는 것은 그리스도인의 의무다.

Chapter 5

Q 《유다복음서》에 관한 기사와
《다빈치코드》출판으로
역사적 예수에 대한 관심이 많아졌습니다.
역사적 예수의 진실과 거짓에 대해 설명해 주세요.[15]

예수에 대한 왜곡은 항상 일어난다. 《다빈치코드》의 저자와 같은 소설가들이나 자유주의 학자들뿐 아니라 정통 보수주의자들도 예수를 많이 왜곡한다. 항상 사람들은 자기 구미에 맞게 예수를 그려 내려는 시도를 한다. 예수를 자기의 가치관과 이데올로기를 뒷받침하는 분으로 그려 내어 자신의 가치관이나 이데올로기를 정당화하려는 경향이 강한 것이다. 《다빈치코드》나 《유다복음서》가 마치 역사적 예수의 새로운 모습을

---

15 월간 〈복음과상황〉 제188호(2006년 7월 15일) 인터뷰 "김세윤 교수가 들려주는 역사적 예수에 관한 진실 찾기"(37-38면).

보여 주는 것들인 양 떠들어 대는 사람들이나,《Q 복음서》,《제5복음서》,《도마복음》을 운운하면서 신약 정경과는 다른 예수의 진면목을 발견했다고 주장하는 사람들처럼, 우리를 부자 되게 하고 성공하게 하는 분으로 예수를 둔갑시키는 한국의 근본주의자들도 진정한 예수의 모습을 왜곡하기는 마찬가지다.

그래서 우리는 예수에 대한 역사적 자료들, 특히 가장 중요한 신약 정경의 자료들을 예리한 비판적 방법들을 통해 연구하여 역사적 예수에 대한 탐구를 지속하고, 그것으로 우리의 신앙을 항상 새롭게 하고 바로잡아야 한다.《유다복음서》의 경우 후대에 그런 문서를 만들어 낸 이단 분파도 존재했다는 것을 알게 해주는, 즉 교회사적 지식을 조금 넓혀 주는 의미만 있을 뿐이지 역사적 예수에 대한 이해에는 아무런 도움이 되지 않는다. 그런 유의 외경들은 시대적으로 정경보다 훨씬 후에 나온 것들로, 그것들을 생산해 낸 자들, 즉 역사적 기독교가 이단으로 규정한 자들이 자신들의 신학적 관점을 표현하기 위해 예수, 베드로, 바울 등에 대해서 소설같이 창작한 것들이다.

특히《유다복음서》는 유다가 예수의 총애를 받은 제자이며 그런 그가 예수를 팖으로써 예수가 자신의 영적 자아를 감금하고 있는 육적 몸을 벗어버리도록 도왔다고 그림으로써 후대 영지주의의 이단 사상을 아주 강하게 나타내는 문서이지, 역사성을 가진 것은 전혀 아니다. 주후 2, 3세기 이후의 영지주의자들이 이원론적 관점에서 예수의 죽음을 자신들의 신학에 맞게 해석하려 한 것인데, 그것은 1세기 팔레스티나에서의 예수의 역사적 정황과는 전혀 무관한 것이다.

외경들은 정경과 비교해 보면 역사성은 물론이고 신학적, 문학적 질도 많이 떨어지는 것을 금방 알 수 있는데, 이는 영지주의나 다른 이단 신학 운동 단체들이 자신들의 신학을 표현하기 위해 쓴 것들임을 쉽게 짐작케 한다.

예수와 성경에 대한 성경학자들의 엄격한 연구 태도

《다빈치코드》는 무슨 역사적 진실을 전달하려는 의도를 가진 것이 아니고 작가의 상상력으로 꾸며진 재미있는 소설일 뿐이다. 근래에 하버드대학교의 한 신학 교수가 이른바 〈예수의 아내의 복음〉 쪼가리라는 것을 출판하여 세상을 놀라게 했는데, 그곳에서 예수가 막달라 마리아를 '내 아내'로 지칭하고 있다는 것이다. 《유다복음서》나, 〈예수의 아내의 복음〉, 또는 《다빈치코드》 같은 소설들이 출판되면 어떤 사람들은 정통 교회나 신학자들이 예수나 초대교회에 대해 그동안 숨겨 왔던 비밀들이 드러난 것인 양 생각하고, 저널리즘 수준의 비전문적이고 피상적인 토론을 벌이는 경우가 종종 있다. 예수가 마리아와 결혼했는데 고대 교회가 그 사실을 밝히는 자들을 이단으로 몰아 교회에서 추방하고 그 사실을 바티칸이 계속 감추어 왔다는 둥, 신학자들이 계속 거기에 동조하고 있다는 둥의 선정적 얘기들을 지어 내 사람들의 호기심을 자극하고 교회와 신학에 대한 불신을 키우는 사람들이 가끔 있다.

그러나 그것은 신학자들이 얼마나 엄격한 학문성을 가지고 예수와 성경을 연구하는지를 모르고 하는 소리다. 그들은 신약학자들이 역사적 예수의 진면목을 올바로 그려 내기 위해 성경을, 특히 네 복음서들을 얼마나 엄격한 자료비평, 문서비평, 역사비평, 사회과학적 비평 등의 방법들을 동원하여 연구하고 얼마나 예리하게 서로 토론하는지 모른다. 신학자들은 구약과 유대교 문서들, 헬라종교사적 배경은 말할 것도 없고, 로마 역사도 면밀히 살피며 연구한다. 일반적으로 성경학자들은 성경을 고전학자들이 헬라-라틴 고전문서나 역사를 다루는 것보다 훨씬 더 엄격하게 다룬다. 그래서 고전학자들이 신학자들은 성경의 자료를 지나친 의구심을 가지고 대한다고 비판할 정도다.

예수가 과연 온 인류와 세상을 구원하는 일을 했는가, 또는 예수를 그렇게 선포하는 복음서들이 어느 정도의 역사성을 담보하고 있는가라는 의문에 대해 진실을 확보하는 일은 일반 역사나 역사서에 관한 질문들, 가령 알렉산드로스 대왕이 페르시아를 어떻게 정복했는가, 타키투스(Tacitus)의 로마 역사서가 얼마나 정확한가라는 질문에 대해 진실을 확보하는 일보다 많은 사람들의 삶에 훨씬 더 중요한 의미를 갖는다. 그렇기 때문에 성경학자들은 자료를 검토할 때 고전학자들보다 훨씬 더 엄격하고 비판적인 시각으로 살펴본다. 그러니 성경학자들이나 신학자들이 예수에 대해서 무엇을 숨기려 하거나 고대 교회가 숨긴 무엇에 대해 계속 침묵한다는 일은 전혀 있을 수 없는 일이다.

세계 신약학계에서 가장 권위 있는 전문지 〈New Testament Studies〉의 최근 61호(2015년 7월)는 이례적으로 〈예수의 아내의 복음〉 쪼가리에 대한 여섯 명의 전문 학자들의 위와 같은 엄격한 점검과 비판의 글들을 주로 담고 있는데, 그곳에서 그들 모두는 그 쪼가리가 아주 최근에 조작된 가짜 '문서'임을 명명백백히 밝히고 있다.

그러므로 성도들은 그런 후대에 쓰여진 외경들 (이른바《도마 복음》도 그 중의 하나임), 조작된 문서들, 또는《다빈치코드》같은 소설들이 또 나온다 해도 흔들리지 말고, 우리 신약 정경의 근본적 역사성을 신뢰하고 나아가야 한다.

3

목회자와

한국 교회에

대하여

Chapter 1

Q 한국 교회는 성경을 해석할 때
문자주의적, 율법주의적으로 하는
경향이 강합니다.
성경 해석에 있어
한국 교회의 과제는 무엇입니까? [16]

한국 교회가 당면한 역사적 과제는 무책임한 자유주의 신학의 위험
에 빠지지 않으면서 동시에 근본주의로부터 성숙해서 나오는 것이다.
한국 교회는 겨우 120년의 역사를 가지고 있다. 따라서 한국 교회의 신
앙은 우리의 삶과 문화에 깊이 뿌리내렸다고 보기 어렵다. 이런 상황에
서 무책임한 자유주의 신학의 수용은 서구 교회보다 한국 교회의 황폐
화를 더욱 가속화할 것이다. 오늘날 1,500년 전통의 서구 교회가 자유

---

16 월간 〈목회와 신학〉 통권226호(2008년 4월 1일) 별책부록 〈그말씀〉 대담 "올바른 성경 해석 위에 성
숙한 한국 교회를 바랍니다"(4~7면).

주의 신학으로 인해 황폐화의 길을 걷고 있는 것을 볼 때, 불과 120년의 짧은 역사를 지닌 한국 교회를 향한 자유주의 신학의 도전은 참으로 위협적이라 할 수 있다.

그러나 자유주의 신학 못지않게 근본주의 신학도 기독교 신앙을 왜곡하며 상당한 피해를 주고 있다. 근본주의 신학이란 성경의 문자적·율법적 해석에 기반을 둔 신학을 말한다. 한국 교회는 성경의 정신을 바로 알지 못하고 문자에 얽매여 율법적으로 적용하려는 근본주의 신학으로부터 성숙해서 나와야 한다. 성경의 권위를 떨어뜨릴까 봐 성경 비평을 꺼리는 근본주의 경향이 한국 교회에 팽배해 있다. 성경의 본문들이 그들의 역사적, 사회적, 문화적 정황 속에서, 그리고 그 본문이 나타나는 책의 전체적인 맥락에서 또는 문학적 틀 속에서, 무슨 뜻을 가진 것인가를 고찰하지 않고, 그냥 그들만 뚝 떼어 기록된 문자대로만 읽고, 그것을 율법적으로 적용한다.

성경을 이렇게 읽는 사람들은 성경의 가르침을 깊이 이해할 수 없어 기독교 신앙을 통해 겨우 전래된 교리 몇 가지를, 그것도 그 뜻을 깊이 새기지 못한 채 몇 가지 '하기'와 몇 가지 '안 하기'를 실천하는 정도의 신앙생활에 머무르게 된다. 그런 사람들이 좀 더 포괄적이고 깊이 있는 기독교적 세계관과 가치관을 형성하고, 올바른 영성을 증진하며, 이 세상에서 예수의 제자도를 적극적으로 실천하는 성숙한 신앙생활을 하기는 어렵다.

그렇기에 한국 기독교인의 수가 그렇게 많고, 그들 중 상당수는 세상적으로 보면 상당한 수준의 지성을 갖추고 영향력 있는 지위에 오른 사람들이지만, 그들의 근본주의적 신앙으로 인하여 기독교적 정신과 윤리를 나타내지 못하고 세상에 대해 주 예수 그리스도의 구속의 힘을 나타내지 못하는 것이다. 즉 '소금과 빛' 노릇을 못하는 것이다.

그런 사람들은 성경의 본문들 몇 개를 임의로 뽑아 서로 짜맞추어 역사적 기독교 신앙과 어긋나는 새로운 교리를 만드는 이단들의 밥이 되기 쉽다. 그런 이단들이 성경 본문들을 들이대면서 그렇게 만들어 낸 자신들의 교리를 설명하면, 평소 성경을 정확무오한 하나님의 말씀으로 믿도록 가르침 받고, 성경의 본문들을 그저 문자적으로, 율법적으로만 읽도록 훈련된 사람들은 그들의 교리를 거부하기가 어렵다. 그 교리가 이단들이 제시하는 대로 과연 하나님의 말씀인 성경에 쓰여 있는 것으로 보이니 말이다. 그래서 이단들은 성경을 전혀 모르는 불신자들이 아니라 근본주의적 교회에서 성경을 근본주의적으로 읽도록 훈련된 그리스도인들을 노린다. 그리하여 얼마나 많은 한국의 성도들이 이단들의 제물이 되고 있는가?!

한국 교회의 강단을 돌아볼 때 성경의 문자적, 율법주의적 해석과 함께 알레고리적 해석의 경향도 여전하다고 생각한다. 어떤 목사들은 성경에 대한 문자적인 해석과 알레고리적 혹은 영해적(靈解的)인 해석, 이 양극단을 편의에 따라 왔다 갔다 하면서 해석하고 설교한다. 과거 한국 교회는 알레고리적 설교에 치중했다. 목사들이 전문적인 신학 교육을 받으면서 그것은 상당 부분 극복되었다고 볼 수도 있지만, 그것이 완전히 없어진 것은 아니다.

이와 함께 한 가지 덧붙여 지적하고 싶은 문제점은 한국 교회의 예화 중심적 설교의 문제다. 목사가 성경 몇 구절들을 읽고는 그것을 강해는 하지 않고, 온갖 그럴듯한 예화들, 때로는 본문과 아무런 관련성도 없는 것들, 또 때로는 조작된 인상을 주는 것들을 줄줄이 늘어놓는 설교를 하는 경우가 많다. 알레고리적 설교나 예화 중심적 설교도 목사들이 결국 신학 훈련을 제대로 받지 못하여 성경을 올바로 해석할 능력을 습득하지 못한 데서 오는 것들이다.

목사들이 감동을 주어 (한국 개신교의 언어로 말하자면, '은혜로워서') 삶을 변화시키는 설교를 하여 성도들이 참으로 '하나님의 말씀을 들었다'고 할 수 있도록 하기 위해, 깊고 바른 영성 위에 성경을 제대로 해석하는 능력과 신학적으로 사고하는 능력을 갖추어 가기를 바란다.

한국 교회가 당면한 역사적 과제는
무책임한 자유주의 신학의 위험에 빠지지 않으면서 동시에
근본주의로부터 성숙해서 나오는 것이다.

Chapter 2

Q 많은 목회자들의 설교에
복음이 빠진 것 같습니다.
설교에서 가장 중요한 것이 무엇이고,
한국 교회의 현실과 신앙 전반에 대해
의견을 말씀해 주십시오. [17]

목회자들의 설교에 '하나님 나라의 복음'이 빠져 있다. 많은 목사들이 '하나님 나라'를 운위할 때는 기껏해야 신앙생활 잘하여 죽어서 또는 종말에 천국에 가자고 할 때다. 목사들은 바울 식으로 복음 선포하기를 좋아하여, 우리가 율법의 행위가 아니고 하나님의 은혜로, 우리의 믿음으로 의인이 된다는 것을 자주 강조하여 설교한다. 그러나 그들 대다수는 정작 바울의 '칭의'의 복음이 사실은 우리 죄인들을 그리스도의 은혜로

---

17 〈국민일보〉, "한국 목회자 설교에 복음 실종"(2008년 7월 1일, 신상목 기자).

'의인'되게 하는 것임을, 즉 '하나님의 통치(그것을 대행하는 주 예수 그리스도의 통치)를 받는 사람'이 되게 하는 것임을 모르고 있다. 더 나아가 이것은 결국 '하나님 나라 복음'의 한 표현이라는 것, '의인'은 하나님께 의지하고 하나님의 통치에 순종하며 사는 사람이라는 것을 모르고 있다.

그래서 칭의의 복음을 선포할 때도 결국 하나님 나라(통치) 또는 예수의 주권을 가르쳐야 하고, 그것에 대한 순종을 강조해야 하는 것이다. 그러나 '복음'을 선포하는 목사들의 '설교'에서 '하나님 나라'가 잘 나타나지 않는다. 하나님의 통치에 순종하는 삶은 구체적으로 하나님 또는 그리스도의 법인 '하나님 사랑과 이웃 사랑', 이중사랑계명을 지키는 삶인데 그러한 강해와 권면이 제대로 이루어지지 않는다.

목사들은 주일 성수, 헌금, 교회 봉사, 전도, 선교 등을 잘해서 구원받고 천국에 가서 상급받자는 식의 설교들을 주로 하는데, 그것은 복음을 크게 왜곡하는 것이다. 그래도 좀 나은 목사들은 '성화'의 삶을 강조하기도 하는데, 그것을 대부분 개인적 경건 생활(기도, 성경 묵상, 주초 삼가, 음행 피하기 등)에 국한시키는 경우가 많다. 목회자들이 하나님 나라 복음에 대한 이해가 부족하기 때문에, 그리스도인들은 예수의 제자들로서, 즉 하나님 나라 복음을 선포한 예수의 가르침을 받고 그를 '뒤따라가는 사람들'로서, 지금 이 세상 속에서 그가 가르친 하나님 나라의 법(이중사랑계명)을 지키며 하나님의 통치를 받는 삶을 삶으로 말미암아 하나님 나라의 샬롬을 스스로 누리고, 또 세상에서 그것이 실현되게 해야 한다는 것을 가르치지 못하고 있다.

그에 따라 성도들은 사물을 하나님 나라(통치)의 관점에서 보고 판단하는 능력을 얻지 못하고, 그들의 삶에서 하나님 나라의 가치들을 드러내지 못하며, 세상에서 하나님 나라의 의와 화평을 제대로 실현하지 못하고 있다. 이것은 한국 그리스도인들의 보편적인 문제인데, 그것이 많은 기독교인 정치 지도자들, 고관들, 판검사들, 사업가들, 학자들, 아니 심지어 유명한 목사들 간에도 현저히 나타나 세상 사람들로 하여금 우리 하나님을 모욕하게 하는 슬픈 현실을 우리 교회가 맞고 있는 것이다.

Chapter 3

Q 교회가, 특히 목회자가 성경의 원칙을
상기하고 가르치는 것에 집중해야 한다면,
적용은 모든 성도가 삶의 현장에서
씨름하는 과정을 통해 이루어질 것 같습니다.
그렇다면 목회자가 설교를 통해
정치적 발언을 하는 것은
좀 자제해야 하지 않을까요? [18]

목회자는 성경의 원칙들을 가르치는 일을 주로 하고, 성도들은 삶의 현실 속에서 그 원칙들을 적용하려 노력해야 한다는 것은 일리 있는 말이다. 한 교회를 맡은 목사가 설교에서 현실 정치에 대해 세세하게 평론하고 교인들에게 자신의 정치적 견해를 주입시키려 하거나, 아예 목회하면서 동시에 정치가로 정치 현장에 뛰어드는 것은 옳지 않다.

그러나 목회자가 성경적 원칙들을 현실의 상황들과 관계없이 하나의

---

18 월간 〈복음과상황〉 제223호(2009년 9월호) 권두대담 "바울복음, 반제국적 읽기는 가능한가"(26-27면).

추상적인 관념으로만 가르칠 수는 없다. 그는 복음을 가르치면서 그것이 실존의 모든 영역들에서 갖는 함의들까지 때로는 사회의 불의나 비리를 지적하며 가르쳐야 한다. 예컨대, 예수의 하나님 나라 복음은 우리로 하여금 어떻게 이중사랑계명을 실천하면서 살 것을 요구하는가, 그런 맥락에서 맘몬 우상숭배와 이웃 착취를 배격하는 것이 왜 필요한가도 가르쳐야 한다. 이때 맘몬 우상숭배와 이웃 착취의 시대정신을 나타내는 정책들이나 경제 구조의 해악을 예로 들면서 가르치는 것이 효과적이다.

하나님 나라의 샬롬을 실현시키기 위한 목회자의 역할

목사는 우리가 '은혜로만 또는 믿음으로만 의인이라 칭함 받는다는 복음'은, 인간의 타고난 인종적, 성적 특권이나 스스로 이뤄 낸 지식, 권력, 부 등의 성취가 하나님 앞에서는 무의미한 것이고, "그리스도 안에서는 유대인과 이방인이 차이가 없으며, 남녀 차별도 없고, 상전과 노예의 신분적 차별도 없다, 다 하나다"(갈 3:28)라는 사회적으로 함축된 의미를 가지고 있다는 것을 일러줘야 한다.

이때도 인종차별, 성차별, 사회적 강자('갑')들의 약자('을')들에 대한 무시와 억압의 문제들을 상기시키면서 가르쳐야 효과적인 복음 선포가 이루어지는 것이다. 그래서 성도들이 국회의원으로서, 관리로서, 또는 판검사로서 복음에 합당하게 입법하고 정책들을 만들고 집행하여, 인권, 정의, 화평을 확대하고 하나님 나라의 샬롬을 실현하기 위해 실제적으로 노력하도록 해야 한다. 그리고 성도들이 어떤 정치가가 또는 정당이 이렇게 복음의 정신과 가치들을 좀 더 많이 표방하고 실현시키려 노력하는가를 분별하고 그런 정치가나 정당을 지지하도록 도와야 한다. 그렇게 하여 우리나라에 하나님 나라의 샬롬이 확대되게 하는 것이 진정한 복음 선포의 일부가 된다.

목회자는 하나님의 말씀을 선포하는 사람이기 때문에, 그 하나님의 말씀의 관점에서 위정자가 복음에 합당하게 정치하면 그 길로 가도록 뒷받침하고, 거기에 위배되는 정치를 하면 "당신은 지금 하나님의 통치에, 주 예수 그리스도의 주권에 어긋나는 정치를 하고 있다"라고 지적할 수 있어야 한다. 구약의 선지자들이 우리에게 그러한 역할의 모범을 잘 제시하고 있지 않은가?

예수께서도 백성 위에 군림하는 통치자들을 비난하고(예: 막 10:35-45), 헤롯을 '여우'라고 욕하고, 제사장들이나 서기관들같이 권세를 휘두르며 민중을 착취하는 자들을 비난하시면서, 제자들에게 섬김과 사랑의 길을 가도록 가르치셨다. 그리고 바울도 복음의 원칙에 따라 인종차별, 남녀차별, 신분차별을 철폐하려 애썼다(갈 3:28과 고전 7:1-24만이라도 제대로 이해하면 이것을 알 수 있다).

목사는 현실의 정치·사회문제에 어떤 태도를 취해야 하는가

한국의 많은 목사들은 '정교분리' 운운하면서 정치에 대해서, 사회적 또는 경제적 문제들에 대해서 무관심하고 오로지 추상적이고 관념적인 이른바 '영적인 것들'(예배, 기도, 말씀 묵상, 죽어서 영혼이 천국 가는 것, 사람들에게 예수 믿고 천국 가기 권하기, 즉 전도 등)에만 관심을 갖는다. 그리고 그런 관심을 나타내는 설교만 하여, 성도들도 추상적이고 관념적인 '영적인 것들'에만 관심을 갖게 한다. 그러나 자신들이 그런 비성경적인 영성과 태도를 앙양함으로써 성도들로 하여금 사실은 세상의 맘몬 우상숭배와 자기주장의 정신에 따라 살도록, 즉 사단의 통치에 충실히 순종하며 살도록 방기한다는 것을 깨닫지 못한다.

목사들이 예수 그리스도의 복음의 정치적, 경제적, 사회적, 문화적 함의들을 충분히 설명하지 않으니, 많은 한국의 평신도들은(개중에는 세상적으로 볼 때 최고의 지성에 이른 사람들로서 아주 '독실한' 신자들까지도) 그들의 '독실한' 신앙을 오로지 주일 성수, 기도, 이른바 큐티하기, 교회 봉사, 전도하기, 술·담배·제사·음행 안 하기 등의 형태(소극적 경건주의)로만 나타내고, 조금 낫다는 사람들은 개인적 시혜 차원에서 가난한 사람들을 조금 도와주는 정도로 나타낸다. 그런 원시적 신앙 훈련을 받은 평신도들이 권력의 자리에 오르면 얼마나 자주 그들의 '독실한' 신앙을 우리 사회에서 자유와 정의와 화평을 확대하는 데 나타내지 않고, 도리어 사회의 일반적 정의와 화평을 손상하면서까지 기독교의 집단 이익을 위해서 싸우는 데 나타내는가?

한국의 많은 목사들, 특히 보수 교단들의 목사들은 정치가들이 불의한 정책을 실행하고, 고위 공무원들이 권력을 남용하며, 판검사들이 불의한 재판을 하여 국민들의 인권이 유린되고 자유가 억압받으며, 사회에 비리와 부패가 만연하고 갈등이 심각해져서 많은 국민들, 특히 약자들이 큰 고난을 당하고 있는데도, 때로는 그 권력자들로 인해 큰 재앙이 일어나는데도, 그런 사단의 통치가 실현되는 현실에 대해서 일언반구도 하지 않고 오로지 이른바 '영적인' 설교만 한다. 어떤 무식하고 부패한 목사들은 그런 불의하고 부패한 권력자들이 그리스도인일 경우 오히려 그들을 옹호하고 그들의 비판자들을 비난하기도 한다. 주 예수 그리스도의 복음을 제대로 알고 제대로 선포하는 목사는 그리스도인 권력자들이 그런 불의와 비리를 저지르면, 그들을 더더욱 강하게 꾸짖으며, 주 예수 그리스도의 복음에 합당한, 그의 통치에 순종하는, 정치와 행정과 재판을 하도록 촉구하여야 한다. 구약의 선지자들처럼 말이다.

그리스도의 복음을 포괄적으로 이해하지 못하고 하나님 나라(통치) 또는 예수 그리스도의 주권의 현재성을 몰라서, 오로지 우리 영혼이 죽어서 또는 종말에 천국 가는 것에만, 그리고 이 세상에서는 개인적 경건과 교회 봉사를 잘하여 '축복'받고 사는 것에만 설교를 집중시키는 목사들일수록, 기독교 정신은 전혀 나타내지 못하는 기독교인 정치인들이라도 단지 그들이 기독교인이라는 이유로 밀어 줘야 한다고 교인들을 독려한다. 이때 그들은 자신들의 '정교분리' 원칙은 저버리고 아주 정치적인 목사가 되곤 한다.

"너희의 '착한 행실'로 인하여 하나님께 영광을 돌리게 하라"

그렇게 신학이 빈약한 근본주의 기독교인들의 패거리 정신의 덕을 본 조지 부시 때문에 미국에서 기독교가 얼마나 많이 욕을 먹고 약화되었는가? 똑같은 현상이 우리 한국에서도 일어나지 않았는가? 바울이 로마서에서 유대인들에게 "너희들 때문에 하나님의 이름이 열방에서 모욕을 당한다"고 탄식했는데, 지금 한국에서 일부 부패한 대형 교회 목사들뿐 아니라, 자신의 권력을 하나님의 의와 사랑의 통치에 반하여 도리어 사단의 불의와 착취, 갈등, 고난의 통치를 실현시키는 '기독교인' 정치가들, 관리들, 판검사들 때문에 기독교가 '개독교'로 욕을 먹고 하나님도 모욕을 당하고 있는 것 아닌가?

예수님은 우리에게 "너희들의 착한 행실을 보고 사람들이 하나님께 영광을 돌리게 하라"고 하셨다. 그리스도의 이름을 부르는 사람들이 정치가가 되고 판검사가 되고 고급 관리가 되어서 자신들의 위치에서 복음의 정신, 성경적 원칙을 반영하려 노력하여 우리 사회에 인권이 확대되고, 사회정의가 실현되며, 화평이 증진될 때, 사람들은 그들의 '착한 행실'로 인하여 하나님께 영광을 돌리게 된다.

그러면 기독교가 신뢰와 존경을 얻고, 전도의 문도 열리게 된다. 우리 그리스도인들이 하나님의 통치와 그리스도 예수의 주권에 순종하여 그런 '착한 행실'을 할 때, '의의 열매'를 맺을 때 교회는 세상에서 하나님 나라를 실현시키는 일꾼(agent), 또는 사단의 통치를 무찌르는 '군사'의 소명을 다하게 되는 것이다.

목사들에게는 최소한 자신들의 교회 교인들이 복음에 합당하게 생각하고 정치에 참여하도록, 그리고 장로들이나 집사들이 불의한 정치가, 고관, 판검사가 아니라, 의로운 정치가, 고관, 판검사가 되도록 설교하고 가르칠 책임이 있다.

성도들이 목사들의 그런 설교와 가르침을 받아 정치가로서, 검사로서, 판사로서, 행정가로서, 사업가로서 하나님 나라의 복음에 합당하게, 즉 하나님의 통치에 순종하여 직무를 수행할 때 이 땅에는 하나님 나라의 의와 화평(샬롬)이 실현되는 것이다.

Chapter 4

Q 오늘날 많은 목회자들이
구약의 제사장과 목회자 직분이
동일하다고 이야기하는데요,
구약시대의 제사장과
신약시대의 목사의 관계에 대해
말씀해 주십시오. [19]

나는 그것을 우리 한국에서 나타나는 '개신교의 중세 가톨릭교회로의 회귀 현상들' 중의 하나라고 본다. 한마디로 이는 소위 사제주의(Sacerdotalism)로 가는 현상인데, 일단 우리 교회의 목사들이 구약의 제사장직으로부터 자기이해를 도출하는 것은 신학적으로 옳지 않다. 구약의 제사장은 성전에서 제사를 드림으로 하나님 백성의 죄에 대한 하나님의 용서를 얻어서 백성에게 선포하는(전달하는) 사람이다. 그러나 우리 그리

---

19 월간 〈목회와 신학〉 통권122호(1999년 8월 1일) 한국 교회 갱신을 위한 권두대담 "한국 교회 안의 세 가지 신학적 혼동들"(46-48면).

스도인들은 예수 그리스도께서 성전의 제사를 종말론적으로 완성했다고 믿는 사람들이다. 그러므로 목회자들은 제사를 드리는 사람들이 아니고, 완성된 예수님의 대속적 제사가 이룬 구원을 선포하는 사람들이다. 가톨릭교회에서는 예배, '미사'를 예수 그리스도의 제사를 재현하는 것으로 보기 때문에 그것을 집전하는 사람을 제사장, '사제'(priest, 신부)라 한다. 그러나 개신교에서는 예배를 제사로 보지 않기에 목사는 예수 그리스도를 제사하는 제사장이 아니라, 그리스도의 제사의 은덕을 선포하도록 소명된 그리스도의 종이다.

목사는 말씀의 담지자이자 화해의 대사

목사들은 바울의 언어로 얘기하자면 그리스도가 완성한 제사의 열매인 화해의 복음의 증거자다. 이 복음을 선포해서 세상 사람들로 하여금 이미 드려진 속죄 제사를 덕 입어 하나님께 화해되도록 권하는 역할을 하는 것이 목사들이다. 즉 화해의 말씀을 전하는 말씀의 담지자(bearer) 또는 화해의 대사(envoy)이지, 하나님과의 화해를 도모하기 위한 제사를 드리는 제사장이 아니다.

그러나 로마서 15장를 보면 바울은 자신의 사도적 사역을 '제사장적' 사역이라고 한다. 자신이 그리스도의 속죄 제사에 대한 복음을 선포하여 이방인들이 하나님께 바쳐지게 된 사실을 두고 바울은 자기가 제사장 직무를 수행했다고 말한다. 그러니까 목사는 사람들로 하여금 하나님께 죄용서를 얻도록 하기 위해 제사를 드리는 제사장은 아니지만, 사람들로 하여금 그리스도의 제사로 이루어진 죄용서와 화해의 덕을 입도록 하고 하나님께 헌신하도록 하는 제사장이라 말할 수는 있겠다.

그런데 신약성경에서는 당시 교회에서 오늘날 교회의 목사 역할을 하는 복음 선포자, 선생, 선지자 등을 실제로 제사장이라 부르지는 않는다. 그러니까 로마서 15장에서 바울이 사용하는 '제사장적 사역'의 언어는 문자적이라기보다는 그림언어적(metaphorical)이라고 보는 것이 옳다. 여기서 우리가 눈여겨보아야 할 것은 바울이 이 언어를 일반화하여 사용하기도 한다는 사실이다.

고린도전서 7장 13-14절에서 바울은 신자와 불신자의 혼합 결혼 상황에서 불신자 배우자가 신자 배우자와 같이 살기를 동의하면 이혼하지 말라는 가르침을 주면서, 그것의 신학적 정당성을 이렇게 말한다. "믿지 아니하는 남편이 아내로 말미암아 거룩하게 되고 믿지 아니하는 아내가 남편으로 말미암아 거룩하게 되나니." 여기서 '거룩해지다'는 말은 '오염된 세상으로부터 분리되어 하나님께 바쳐지다, 그리하여 하나님의 백성(성도들)이 되다'라는 뜻이다.

그러니 신자인 아내나 남편이 자신의 불신자 배우자에게 하나님의 거룩성 또는 구원의 전달자 노릇을 하고, 그를 하나님께 헌신하도록 한다는 말이다. 따라서 신자인 아내나 남편도 자신의 불신자 배우자에게 '제사장적' 사역을 한다고 말할 수 있는 것이다. 신자 남편만 불신자 아내에게 그런 역할을 하는 것이 아니라, 신자 아내도 불신자 남편에게 그렇게 한다는 것이다.

그러니 남편 또는 아버지가 '가정의 제사장'이라는 일부 한국 교회가 만들어 낸 이상한 교리는 구약의 이스라엘 족장들에 근거하는 모양인데, 신약성경은 그것을 전혀 뒷받침하지 않는다. 여기 고린도전서 7장 13-14절은 혼합결혼 가정의 자녀들이 신자 아버지뿐 아니라 신자 어머니에 의해서도 거룩해진다고 하지 않는가? 남편 또는 아버지가 '가정의 제사장'이라고 가르쳐 가부장적 가정생활을 고취하는 한국 목사들도 어머니의 헌신과 기도로 온 가족이 훌륭하게 신앙생활 하는 가정들을 흔히 보며, '어미 모니카의 기도의 열매로 방탕한 어거스틴이 위대한 신학자요, 교회의 지도자가 되었다'는 예화를 즐겨 쓰는데, 그런 경우에 구태여 '제사장'이라는 단어를 쓰고 싶다면 어머니에게도 써야 하지 않을까? 하여간 교회의 목사만 사람들로 하여금 하나님의 구원의 덕을 입고 하나님께 바쳐지게 하는 '제사장적' 사역을 하는 것이 아니라, 이른바 '평신도' 남편이나 아내도 그렇게 한다는 것이다.

제사장적 권위를 주장하는 대신 '섬기는 자'가 되라

그러므로 '제사장'이라는 언어를 '성전에서 제사 드리는 사람'이라는 문자적인 뜻이 아니라, '하나님의(구원의) 은혜의 전달자'라는 그림언어적 뜻으로 쓰기로 한다면, 목사들에게는 물론이고 모든 그리스도인에게도 다 적용할 수 있는 것이다. 그렇기에 베드로전서 2장 9절은 그리스도의 교회가 온 세상에 하나님의 은혜의 전달자임을 염두에 두고 출애굽기 19장 5절을 인용하여 교회 공동체 전체를 '왕적 제사장'(또는 '제사장들의 나라')이라고 지칭하는 것이다. 아마 신약성경의 이 가르침이 종교개혁자들의 '만인사제론'으로 표현되었을 것이다. 모든 성도는 다 이웃에게 하나님의 은혜의 전달자, 즉 사제(제사장) 노릇을 해야 한다.

구약의 완성인 신약성경의 가르침이 이러한데도, 한국의 개신교에서는 성전 체제를 중심으로 한 구약의 예에 호소하면서, 목사가(만) '제사장'이다, 그러므로 목사만 하나님의 은혜를 또는 복을 중개해 준다는 사제주의가 부활하고 있다. 그래서 '제사장'인 목사만 축도할 수 있다고 가르치고, 장로나 평신도는 할 수 없다고 한다. 한국 교회가 축도할 때 주로 쓰는 형식인 고린도후서 13장 13절의 기도를 영국교회(성공회)의 예식에서는 모든 교인이 함께 낭송하고, 영국의 일반 신자들이 그룹 성경 공부를 마칠 때 자주 함께 낭송하는 것을 보면 한국의 그리스도인들은 적잖이 의아해할 것이다.

목사들이 자신의 정체성을 '제사장'으로 강하게 내세우는 데는 다분히 특별한 권위를 세우려는 의지가 담겨 있다. 근래에 평신도들, 특히 장로들의 목사에 대한 도전이 거세지자, 목사들은 자신들을 '하나님께서 기름 부어 세운 제사장'이라고 주장하며 자신들의 신분을 평신도들과 본질적으로 구분되는 것으로 인식시키고 자신들의 권위에 잘 순종하도록 가르치려는 것 같다. 성도들은 목사가 복음을 올바로 선포하고 복음에 합당하게 목회하며 복음에 합당한 삶을 제대로 가르치는 한 그를 주께서 자신들을 위해 세우신 '주의 종'으로서 존중하고 그의 가르침에 순종하여야 한다. 그러나 목사가 제사장적 권위를 주장하는 것은 옳지 않다.

신약성경은 교회의 모든 직분을 다양한 형태의 '섬김'이라 하고, 다양한 직분을 감당하는 사람들, 사도, 교사, 선지자 등 모두를 다 똑같이 '섬기는 이'(diakonos, servant)라고 부르고, 바울은 자신을 더 비하하여 '종' (doulos, slave)이라고 부르기도 한다. 그래서 개신교에서는 목사를 '목자' (pastor)라고도 부르면서 '섬기는 이'(minister)라고 부르는 것이다. 교회 내에서 목사나 다른 직분자들이나 수행하는 '섬김'의 종류만 다르지(그러니까 기능적인 차이만 있는 것이지), 신분적 차이가 있는 것은 아니다. 목사들은 주 예수와 사도 바울의 가르침과 모범을 따라 자신이 소명된 영역, 즉 목회의 영역에서 '섬김'을 잘하여 교인들의 존경과 승복을 얻는 영적, 도덕적 권위를 추구해야지, 그릇된 사제주의나 무슨 비성경적인 방도들로 자신들의 권위를 세우려 해서는 안 된다. 그런 권위는 교회 공동체에 해를 끼치게 마련이다.

목회자와 일반 성도들 간의 바람직한 관계는?

목회자와 일반 성도는 서로 섬김의 관계에 있다. 주 안에 있는 형제자매들로서 서로 사랑으로 종 노릇하는 섬김의 관계에 있으며, 주께서 주신 은사와 소명에 따라 역할이 다를 뿐이다. 그러니까 목사는 주의 종이면서 동시에 성도들의 종이다. 그래서 바울이 고린도후서 4장 5절에서 뭐라고 말하는가? 바울은 자신이 고린도교회를 섬기도록 부름 받은 그리스도의 종이기 때문에, 당연히 "고린도교회 여러분의 종"이라고 말한다. 이것이 바울의 목회자자로서의 자기 이해다. 일반 성도들도 마찬가지다. 모든 그리스도인이 하나님을 혼신을 다하여 사랑하고 이웃을 자신의 몸같이 사랑하라는 이중사랑계명, 하나님 나라의 법을 지켜야 하거니와, 교회의 모든 구성원은 그리스도의 몸의 지체들로서 각자 주께로부터 받은 직분(소명)을 그가 주시는 은사로 감당해야 한다. 즉 주의 은사와 소명에 따라 서로를 섬겨야 하는 것이다. 그러므로 이른바 '평신도'들도 다 주의 종들로서 주의 교회의 종 노릇을 해야 하는 것이다.

그러므로 목사나 평신도들이나 상호 섬김의 자세가 있어야 한다. 따라서 목사는 평신도들에게 군림의 자세를 가져서는 안 되고, 거꾸로 평신도들도 목사를 머슴으로 부리는 자세를 가져서는 안 된다. 목사나 평신도들이나 서로에 대해서 자신들을 '종'으로 인식하고, 서로를 섬겨야 하는 것이다. 서로에 대한 존중과 섬김의 자세를 갖추어야 한다.

목사가 교회의 리더인 것은 사실이다. 목사는 주께서 주의 말씀을 선포하고 가르치며 교회 행정을 주관하는 사명을 주어 세우신 리더다(롬 12:8; 살전 5:12; 딤전 5:17). 아직 교회의 리더십이 한 사람 목사를 정점으로 한 수직적 위계질서로 정립되지 않아서 '장로들'의 집단 리더십의 양상을 더 많이 반영하는 신약성경은 교회의 구성원들에게 그런 리더들을 존경하고 순종하라고 가르친다(고전 16:15-16; 살전 5:12-13; 딤전 5:17; 히 13:17; 벧전 5:1-5).

목사가 성도들의 존경과 순종을 받을 권위를 갖는 것은 그 신분 때문이 아니라 수행하는 사명 때문이다. 한국 교회에서 흔히 듣는 대로 '목사는 하나님의 축복을 평신도들에게 전달하는 통로이고, 성도들의 기도를 모아서 하나님께 전달하는 통로이기 때문에', 즉 목사가 특별히 '제사장적' 신분을 가진 사람이기 때문에, 권위를 갖고 성도들의 존경과 순종을 받는 것이 아니다. 그런 하나님의 은혜의 전달자 역할은 모든 성도가 이웃에게 자신의 은사와 소명에 따라 다 한다. 그리하여 '만인사제론'이 개신교가 성경적 가르침이라고 믿는 바라는 것을 우리는 위에서 이미 살펴보았다. 모든 성도가 교회 안에서나 밖에서 주께서 주신 자신의 소명에 따라 자신의 직분(장로, 집사, 선생, 공무원, 정치가, 기업가, 의사 등)을 잘 감당하면 존경과 순종을 받듯이, 목사도 자신의 사명(복음 선포와 목양)을 잘 감당하면 존경과 순종을 받는 것이다.

우리 그리스도인들은 하나님의 말씀이 우리의 삶에 가장 기본이고 중요한 것이라고 생각하기에, 그것을 선포하고 그것에 합당한 삶을 가르치는 목사직을 다른 직분들보다 더 존경할 수는 있을 것이다. 또 우리 그리스도인들은 교회가 우리로 하여금 하나님과 더 긴밀하게 교제하고 하나님의 자녀로서, 백성으로서 성장하게 하는 데 가장 중요한 기관이라고 믿기에, 그것을 관장하는 목사직을 다른 직분들보다 더 존경할 수 있는 것이다. 그러나 목사가 복음을 왜곡하고 그릇된 가르침을 하며 복음에 합당하게 목회를 하지 않음에도 불구하고, 자신이 단지 목사의 신분을 가졌다는 이유로, 가령 '하나님이 기름 부어 세우신 종'이라 운운하며 계속 성도들의 존경과 순종을 요구할 수는 없다. 성도들은 그런 목사는 '거짓 선지자', '거짓 선생'으로 인식해야 한다.

좀 더 쉽게 말하자면, 우리가 하나님 말씀의 권위와 중요성을 인정한다면 그 말씀의 전달자인 목사를 존중해야 한다. 왜냐하면 우리가 목사를 무시하면서 그가 가르치는 것을 하나님 말씀으로 받기는 어렵기 때문이다. 그러니까 말씀 선포자에 대해 성도들은 근본적으로 존중하는 마음을 가져야 한다. 하지만 거꾸로 목사가 엉터리로 또는 심지어 복음을 왜곡하는, 그리하여 성도들을 오도하는 설교를 하면서 자꾸 성도들의 존중과 대접을 받으려고 한다면 그것만큼 옳지 않은 것도 없을 것이다. 그런 목사는 대개 권위주의적으로 리더십을 행사하고, 그것을 위해서 구약의 제사장 옷을 자꾸 입게 되는데, 그건 옳지 않다. 목사는 오직 하나님의 말씀을 바르게 잘 가르침으로써 영적 권위를 얻는 사람이다. 그런데 그가 선포하는 하나님 말씀이 목사에게 어떤 목회를 하라고 하는가? 양떼를 깊이 사랑하고 섬김의 자세로 목회하라고 요구하지 않는가? 그러므로 목사는 하나님 말씀을 잘 가르치고 하나님 백성을 잘 섬김으로써 영적, 도덕적 권위를 갖게 되는 것이다.

병적 심리가 낳은 한국 교회의 비극을 경계하라

만일 어떤 목사가 하나님 말씀을 잘 가르치는 것은 물론이고, 본인 스스로 그 말씀에 따라 경건하고 거룩하고 의로운 삶을 살면서, 성도들을 깊이 사랑하고 잘 섬긴다면, 그는 큰 영적, 도덕적 권위를 가지고 엄청난 감화력을 발휘할 수 있다. 그게 참 권위다. 그러므로 한국 개신교 목사들은 자신들의 권위를 세우기 위해서 중세 가톨릭교회의 사제주의를 부활시킬 것이 아니라, 또는 거짓 학위나 다른 조작들을 통하여 자신의 허황된 이미지를 표출하려 할 것이 아니라, 하나님 말씀을 더 바르고 신실히 가르치려 노력하고, 성결한 삶을 살며, 섬김의 목양을 하려 노력해야 한다.

나는 오랫동안 신학도들과 목사들에게 성경적으로 이렇게 가르쳐 왔는데, 가끔 목회의 '산전수전'을 다 겪은 여러 목사들이 나더러 이렇게 말한다. "교수님은 실제 목회를 안 해봐서 그런 이상적인 소리를 합니다. 한국 교회에서는 목사가 권위주의적으로 나가지 않고 겸손히 섬기는 자세로 목회하면, 성도들이 목사를 도리어 얕잡아보고 깔아뭉개려 합니다. 그래서 당회에서 분란이 그치지 않고 교회가 화평하지 않아 목회를 제대로 하기 어려워요. 우리도 목회를 시작할 때는 신학교에서 배운 대로 해보려 했습니다. 그러나 그렇게 해가지고는 교회를 운영하고 성장시킬 수가 없었어요. 목사는 오로지 제사장적 권위를 주장하면서 성도들에게 절대적인 순종을 가르쳐야 '우리 목사 능력 있다'고 하며 존중하고 따라와요. 성장하는 교회, 특히 대형 교회들을 보십시오. 거의 다 권위주의적인 목사들이 제왕적 목회를 하는 교회들 아닙니까?"

목사들의 그런 소리를 들을 때마다 나는 아직도 우리 민족이 벗어나지 못한 가학피학증(sadomasochism)적 심리가 교회 내에서도 해악을 끼치는 것 같아 서글퍼진다. 자신들을 학대하는 독재적 지도자는 우러러보고 그런 지도자에게 복종하고 사는 데서 평안을 느끼면서, 자신들도 약자들을 짓밟는 것에서 쾌락을 느끼는 심리 말이다. 그런 병적 심리를 가진 사람들이 겸손히 섬기려는 민주적인 지도자는 무시하고 비판하는 것이다. 나도 후자와 같은 좋은 목사들을 무시하고 학대하는 병든 교회들을 더러 봤다. 목사가 바로 좋은 목사이기 때문에, 교회가 자신 때문에 분란에 휩싸이는 것보다는 차라리 자신이 희생하는 것이 옳다고 판단하며 교회를 떠나는 경우도 있다. 이런 비극이 한국의 교회들에서 계속 일어나야겠는가?

우리 그리스도인들은 그리스도의 은혜로 그런 병적인 심리를 극복하고 건전한 인간관계를 이루기를 배워야 하지 않을까? 목사들이 앞장서서 주 예수와 사도 바울의 모범을 따라 가르치고 목회함으로써 성숙한 의와 사랑과 화평의 공동체를 세우려 노력해야 하지 않을까? 평신도들은 그런 목사들을 존경하고 순종해야 하지 않을까?

Chapter 5

Q 한국 교회를 걱정하는 목소리가
높습니다.
한국 교회와 목회자들을 위한
당부의 말씀을 부탁드립니다. [20]

한국 교회는 2007년을 평양대부흥 100주년 기념의 해로서 새로운 부흥 운동의 원년으로 삼고자 기대하며 한 해를 시작했다. 그러나 한국 교회는 다수의 국민들로부터 유례없이 큰 비난을 받았다. 아프가니스탄에 선교하러 간 한국 청년들이 탈레반에 인질로 잡힌 사건 때문이었다. 이 사건으로 교회에 대한 비난은 정점에 이르렀고, 그것은 그리스도의 교회가 우리 민족의 다수로부터 배척받게 되지 않았나 하는 우려를 낳기에

---

20 월간 〈목회와 신학〉 통권226호(2008년 4월 1일) 별책부록 〈그말씀〉 대담 "올바른 성경 해석 위에 성숙한 한국 교회를 바랍니다"(10-13면).

충분한 것이었다. 이런 차원에서 몇 가지 당부의 말을 하자면, 다음과 같은 질문들을 하고 반성하고 개선하자는 것이다.

첫째, 한국의 교회들이 과연 복음을 올바르게 선포하고 있는가? 그리스도 십자가의 복음이 번성의 신인 바알의 복음, 맘몬주의의 복음, '건강과 부의 복음'으로 변질되었다.

둘째, 교회들이 올바른 영성을 앙양하고 있는가? 많은 교회들이 맘몬주의적 영성과 함께 샤머니즘적 영성을 앙양하여, 성도들의 신앙을 미신화하고 있다. 성도들이 그들의 생각과 삶에서 성령님의 인도함을 받아 사랑의 이중계명의 요구에 따른 하나님의 통치에 순종하도록, 즉 하나님께 의지하고 순종하며 이웃을 사랑함으로써 '선한 열매'(마 7:15-23) 또는 '의의 열매'(빌 1:11)인 '성령의 열매'를 맺는 영성을 앙양해야 한다.

셋째, 교회가 추구하는 '교회 성장'도 맘몬주의의 병에 걸리지 않았는가? 교회는 물론 성장해야 한다. 그러나 한국의 많은 교회들이 추구하는 '교회 성장'은 오로지 교인 수를 늘려서 교세를 키우고 재력을 키우는 것에 치중하는 것이 아닌가? 자본주의적 교회성장병에 걸려 '전도'나 '선교'도 주로 교회의 물량적 성장의 방편들로 사용되고 있지 않은가? 심지어 '제자훈련'도 그렇지 않은가? 한국의 여러 교회들에서 유행한다는 제자훈련은 진정으로 자기를 부인하고 자기 십자가를 지며 예수 그리스도를 따라가는 삶(제자도)을 훈련시키는가? 과연 진정으로 하나님 나라의 백성으로서 하나님의 통치를 받는 삶을 살도록, 즉 그들 삶의 구체적 현장에서 사랑의 이중계명을 실천하도록 훈련시키는가?(한국에는 '제자훈련'

을 내세우며 크게 성장한 교회들이 여럿 있다. 그러나 그중 몇몇 교회는 예수의 정신과 예수의 제자도는 나타내지 못하고 도리어 엄청난 부패와 갈등을 나타내 세상의 비난거리가 되었다. 그들의 '제자훈련'은 과연 누구의 '제자'가 되라는 훈련이고 무엇을 위한 것인가?)

하나님께서 한국 교회에 부여한 구원사적 사명

한국 교회의 전도와 선교의 열정은 세계적으로 유례를 찾아보기 힘들 정도다. 그러나 그리스도인들이 과연 전도하고 선교할 자격을 갖추었는지는 반성해 볼 일이다. 우리는 세상에 '빛과 소금'이 돼야 한다는 설교를 자주 듣는다. 그러나 예수께서 교회에 정하여 주신 정체성은 '소금과 빛'의 순서로 되어 있다(마 5:13-16). 교회는 먼저 세상의 '소금'으로서 세상의 부패를 막고, 상처를 치유하며, 세상을 살맛나게 하는 역할을 해야 한다. 그래야 세상에 하나님을 아는 지식을 전파해 어두운 세상을 밝히는 '빛'의 역할을 제대로 할 수 있다.

한국의 많은 그리스도인들이 버릇처럼 '빛과 소금'의 구호를 외칠 때, '소금'이 되고자 함은 거의 무시되고 '빛'만 되겠다고 열정을 보이며 전도하고 선교한다. 그런 탓에 교회는 세상의 부패를 막고 상처를 치유하기는커녕, 그 내부가 심히 부패하고 서로 상처를 주고받는 장이 되었다. 그런 교회의 그리스도인들이 '빛' 노릇을 한다고 전도하고 선교하니, 세상 사람들이 요새의 유행어대로 "너나 잘하세요" 하고 교회와 그리스도인들을 냉소적으로 비난하고 있는 것이다.

그리스도인들은 '착한 행실들'(마 5:16)로 '소금과 빛' 노릇을 할 수 있다. 예수께서는 산상수훈의 서문을 하나님 백성의 정체성에 대한 이러한 정의로 끝내고(마 5:13-16), 곧이어 그들이 하나님의 백성으로서 '착한 행실들'을 위해 사랑의 이중계명으로 오는 하나님의 통치를 받아야 함을 강해하신다(특히 마 5:21-48; 6:14-15은 이웃 사랑에 대해, 마 6:19-34은 맘몬 우상 대신 하나님 사랑에 대해 강해한다).

한국 교회가 예수 그리스도의 복음을 올바로 선포하고, 그리스도인들이 하나님의 백성으로서 또는 그리스도의 제자들로서 사랑의 이중계명을 실천하며 살려고 노력하면, 한국에는 정의, 화평, 자유, 골고루 잘살기, 문화적 환경적 건강, 가정의 건강 등이 얼마나 많이 확대되겠는가? 이렇게 한국 교회가 세상에서 '소금' 노릇을 제대로 하면, 얼마나 많은 사람들이 성도들의 '착한 행실들'을 보고 하나님을 찬양하고 그에게 돌아오겠는가? 이것이 바로 교회가 '빛' 노릇 하는 길이다.

한국이 그런 나라가 되면 우리의 선교사들이 해외에 나가서 맘몬주의의 가짜 복음이 아니라 하나님 나라의 진짜 복음을 설득력 있게 선포할 수 있지 않겠는가? 그것이 서양의 전통적인 '기독교 세계'(Christendom)가 몰락해 가는 가운데, 하나님께서 한국 교회에 부여한 구원사적 사명이 아니겠는가? 그러나 한국 교회의 현실은 한국을 그런 나라로 만들지 못하고 있다.

들리는 소문에 의하면 많은 한국 선교사들이 해외 선교지에서 기껏해야 근래에 물질적으로 풍요로워진 한국을 가리키며 "예수 믿으면 복 받아 잘살게 된다"는 맘몬 복음을 주로 선포한다는 것이다. 그것이 올바른 선교인가?

사도 바울은 당시의 자기 민족 이스라엘을 향해 이렇게 탄식한다. "하나님의 이름이 너희 때문에 이방인 중에서 모독을 받는도다"(롬 2:24). 주 예수 그리스도는 우리에게 이렇게 당부하고 있다. "너희는 세상의 소금이니 소금이 만일 그 맛을 잃으면 무엇으로 짜게 하리요… 너희는 세상의 빛이라… [세상이] 너희 착한 행실을 보고 하늘에 계신 너희 아버지께 영광 돌리게 하라"(마 5:13-16).

지금 한국 교회에 바울의 탄식이 적용되지 않나 걱정해야 할 때다. 한국 교회는 주 예수 그리스도께서 하신 당부를 실행해야 한다. 그러기 위해서 한국 교회, 특히 그 지도자들의 신학적 성숙과 영적 각성이 절실히 요청된다. 한국 교회가 올바른 복음을 선포하고, 올바른 영성을 앙양하며, 진정한 제자도의 삶을 가르치고, 올바로 선교하기를 바란다.

Chapter 6

최근 신약학계에서 신약성경을
반로마황제 숭배(anti-imperialism)의 관점에서
보려는 시각이 있습니다.
바울은 로마제국에 대해 어떤 태도를 취했습니까? [21]

1990년대부터 바울을 비롯한 신약성경의 저자들을 로마제국의 황제 숭배와 이데올로기에 의식적으로 대항해서 그리스도의 복음을 형성하고 표현한 것으로 해석하려는 운동이 신약학계에서 상당한 영향력을 끼쳤다. 특히 미국의 국수주의적인 보수주의자들과 근본주의 그리스도인들의 지지로 대통령이 된 조지 W. 부시의 이라크 침공 등으로 표현된 미국의 제국주의적 경향을 비판적으로 보는 일단의 미국 학자들, 특히 '탈

---

21 월간 〈목회와 신학〉 통권226호(2008년 4월 1일) 별책부록 〈그말씀〉 대담 "올바른 성경 해석 위에 성숙한 한국 교회를 바랍니다"(7-10면).

식민주의'(post-colonialism)의 이데올로기로부터 깊은 영향을 받은 사람들 사이에 그런 운동이 강하게 나타났다.

이제 신약학자들만이 아니라 로마사를 전공하는 고전학자들도 이 운동의 토론에 더러 참여하고 있다. 또 바울의 정치적 의미를 재발견한 유럽의 일부 좌파 철학자들은 그들 나름대로 이 토론을 벌여 나가는데, 신약학자들이나 고전학자들은 아직 그들의 토론과는 별로 상호작용을 하지 않고 있다.

신약성경을 반로마제국적으로 해석하려는 사람들은 두 가지 사실을 강조한다.

첫째는 당시 로마제국이 지중해 세계를 무력으로 평정하고는 자신들이 온 세계에 질서와 평화와 번영을 가져왔다고, 곧 인류에게 구원을 가져왔다고 선전하면서, 정복된 민족들에게 로마 황제 가이사를 숭배하고 로마제국의 통치에 순종함으로써 그 번영을 함께 누리라고 요구했다는 것이다. 즉 팍스 로마나(Pax Romana, 로마의 평화)의 '복음'을 선포하며, 황제 숭배와 로마제국에 대한 충성을 강요했다는 것이다.

둘째는 신약성경에서 예수 그리스도에게 적용하는 여러 어휘들이 로마 황제 숭배의 어휘들과 겹친다는 점이다. 예를 들어 예수 그리스도를 '주', '하나님의 아들', '구세주'라 칭하며, 그의 복음을 '유앙겔리온'(헬라어로 '좋은 소식', '기쁘고 복된 소식'을 뜻함)이라고 지칭하는 것, 그의 오심을 '파루시아'(헬라어로 '재림'을 뜻함)라고 하는 것, 또 그가 가져온 구원을 '자유', '(정)의', '평화' 같은 어휘로 표현하는 것 등이 로마제국의 '복음'의 어휘들과 중첩된다는 것이다. 따라서 신약성경은 당시 로마의 거짓 '주',

'하나님의 아들', '구세주', '신' 가이사에 대항하고 그의 거짓 '복음'에 대항하여 참된 '주', '하나님의 아들', '구세주' 그리스도 예수를 선포하고 그의 진정한 '구원', '자유', '정의', '평화'의 '복음'을 선포하였다는 것이다. 그리하여 사악한 로마제국을 '전복'(subvert)하고자 하는 의도를 은밀히, 또는 명백히 나타냈다는 것이다.

바울은 반로마, 반가이사의 성향을 가지고 있었는가?

처음에는 이러한 주장이 미국의 리처드 호슬리(Richard Horsely)를 중심으로 한 일부 학자들에게서만 유행하였는데, 현재 세계 신약학계에서 가장 영향력이 큰 학자들 중 하나인 톰 라이트(N. Tom Wright)까지 가세하면서 상당한 영향력을 행사하고 있다. 지난 2006년 톰 라이트는 《Paul: In Fresh Perspective(바울: 신선한 관점으로 새롭게 해석함)》이라는 책을 내기도 했다. 라이트는 '새 관점'이 '옛 관점'이 강조한 칭의론의 법정적 의미(죄용서, 무죄선언)를 무시했음을 반성하면서, 그것을 '새 관점'의 강조점인 칭의론의 교회론적 의미(이방인들이 유대인들과 함께 아브라함의 자녀들, 곧 하나님의 자녀들 되기)와 통합하고, 동시에 반로마제국적 관점도 새롭게 통합하여 '신선한 관점'(fresh perspective)을 제시하였다.

그래서 라이트는 바울이 로마의 황제 체제와 거짓 복음에 대항해서 기독교 복음을 형성했다고 강조한다. 2013년에 라이트는 그 책에서 대강 제시한 논지들을 자세히 전개하는 1,700쪽에 육박하는 방대한 책《바울과 하나님의 신실하심(Paul and the Faithfulness of God)》을 출판하였는데,

이 책에서 바울의 반로마적인 정치신학을 다시 한 번 강조한다(참고: 20
여 명의 학자들이 동원되어 라이트의 이 대작을 평가하고 토론하는 심포지엄을 다룬
책이 독일 튀빙겐의 Mohr Siebeck 사에서 곧 출판될 예정이다. 필자는 그의 반로마제
국적인 바울 해석을 담당하여 〈바울과 로마제국[Paul and the Roman Empire]〉이라
는 논문을 기고하였다).

위에 언급한 두 가지 사실들은 신약성경, 특히 바울 서신들에 대한 반
로마제국적 해석이 상당히 그럴듯한 인상을 준다. 필자도 처음에는 그렇
게 생각했다. 그러나 바울 서신들의 내용들을 제대로 살펴보면, 그런 해
석을 정당화하기 어렵다는 것을 알게 된다.

예를 들면, 라이트를 비롯한 반로마제국적 해석자들은 빌립보서 2장
6-11절의 그리스도 찬송시와, 그것과 연결된 3장 20-21절을 근거로 빌
립보서를 반황제 숭배·반제국주의의 대표적인 책으로 주장한다. 즉 로
마의 황제인 가이사가 '주'가 아니라 예수 그리스도가 참된 '주'요 '구원
자'라는 것을 명백한 언어로 선포하며, 가이사가 '주'로서 그의 식민지인
빌립보에 '왕림'(parousia)하여 그의 백성에게 '구원'(soteria)을 가져오리라
는 기대에 대항하여 그리스도가 참된 '주'로서 그를 믿는 자들에게 진정
한 '구원'을 가져온다고 선포한다는 것이다.

빌립보서와 데살로니가전서를 통해 본 바울의 정치관

이런 해석이 얼핏 보기에는 꽤 설득력이 있는 것 같다. 그러나 여기서
제일 먼저 유의해야 할 점은 바울이 그리스도가 가져올 '구원'을 "우리의

(아담적, 즉 죄와 죽음의 권세 아래 있는) 비천한 몸을 자신의 영광스런 몸(즉 종말의 아담적, 즉 부활의 몸 — cf. 고전 15:42-57)과 같은 형상이 되게 함"이라고 한다는 사실이다. 그것은 로마 세계에서 가이사의 '구원'이라 인식된 '평화와 번영'과는 전혀 다른 범주의 것으로서, 후자와 비교 또는 대조되는 것이 아니다. 그러므로 빌립보서 3장 20-21절에서 바울이 그리스도를 가이사와 비교 또는 대조하여, 가이사가 아니라 그리스도가 '구원'을 가져오는 분이라고 주장하는 것이 아니다.

데살로니가전서 4장 13절에서 5장 11절에서도 빌립보서 3장 20-21절에서와 마찬가지로 바울이 '주' 예수 그리스도의 재림을 로마 황제나 고관이 식민도시를 방문할 때 쓰던 '파루시아'라는 말로 설명한다. 게다가 데살로니가전서 5장 3절에서는 데살로니가의 그리스도인들에게 로마의 '복음'이라고 볼 수 있는 '평화와 안전'을 믿고 신앙생활에 나태해지면 안 된다고 경고한다. 그러므로 반로마제국적 해석자들은 빌립보서와 마찬가지로 데살로니가전서도 자신들의 해석을 뒷받침하는 강력한 증거로 내세운다.

그런데 빌립보서(3:20-21)에서와 마찬가지로 데살로니가전서(4:13-5:11)에서도 바울이 '주' 예수 그리스도가 그의 '왕림'(parousia) 때 가져올 구원을 로마제국이 가이사가 가져다줄 것으로 선전해 대는 '평화와 안전'보다 훨씬 완벽한 '평화와 안전'이라고 가르치는 것이 아니라, '(최후의 심판 때) 하나님의 진노로부터 구원받음(곧 칭의의 완성)'(살전 5:9-10; cf. 살전 1:10; 3:13)이요, '부활하여 주 예수 그리스도와 함께 삶'(살전 4:16-17; 5:10)이라고 가르친다.

어떤 로마인이 빌립보서와 데살로니가전서에서 이렇게 전혀 다른 범주의 '구원'을 말하는 바울이 로마제국의 '평화, 안전, 번영'의 '복음'에 도전하고, 가이사 대신 새 황제 '주' 예수 그리스도를 선포한다고 보았겠는가? 가이사에게 충성을 맹세하고, 로마의 질서에 도전하는 자를 색출해 내야 할 로마 관원들이 만약 빌립보서와 데살로니가전서에서 반로마제국적 해석자들이 주장하는 대로 바울이 그리스도를 가이사에 대항하여 선포하고 그리스도의 복음을 로마의 복음 또는 이데올로기에 대항하여 선포하였다면, 바울이 빌립보서를 쓰는 동안 그를 감옥에서 지키던 '(가이사의) 친위대'는 왜 그를 '대역죄인'으로 취급하지 않았는가?

빌립보서 1장 13절에서 바울은 '(가이사의) 친위대'가 자신이 무슨 죄를 저질러서가 아니라 단순히 '그리스도 때문에' 감옥에 갇힌 것을 알고, 그에게 선의로 대하고 있다는 뜻으로 말하고 있는데, 그것은 있을 수 없는 일이 아닌가? 만약 바울이 '그리스도'를 가이사를 대치할 새 황제로 가르쳤다면, 그들은 '그리스도 때문에' 갇힌 바울을 도리어 가장 가혹하게 다루었어야 하지 않겠는가?

또 어떻게 '가이사의 집 사람들'은 도리어 바울의 복음을 받아들여 그런 '그리스도'를 믿는 사람들이 되었겠는가?(빌 4:22) 특히 지금 곧 가이사 앞에서의 재판을 앞두고 그 재판에서 무죄 석방되기를 간절히 바라면서(빌 1:19-26) 감옥에서 이 편지를 쓰는 바울이 어떻게 그 안에 반로마제국적 해석자들이 주장하는 대로 그런 반로마, 반가이사적인 내용을 담아 썼겠는가? 바울이 완전히 미친 사람이었나?

로마서에 나타난 언어적 유사성은
반로마제국적 해석을 뒷받침하지 않는다

이렇게 그리스도의 복음을 선포하는 언어가 가이사를 선전하는 언어와 일부 유사함에도 불구하고, 실제로 바울이 그런 언어를 사용하여 가르치는 내용을 살펴보면 '반제국적' 의도를 가지고 있었다고 보기 어렵다. 라이트는 로마서에서 바울이 반로마제국적 복음을 가장 조직적으로 선포한다고 주장한다. 그 이유는 첫째는 바울이 로마서 서두(1:3-5)에서 복음을 '다윗의 씨'(곧 메시아적 왕)로서 하나님의 통치권을 대행하는 '하나님의 아들', 곧 모든 민족들을 통치하는 만유의 '주'가 되심에 관한 것으로 선포한다는 것이다.

또 로마서 말미(15:7-13)에 모든 민족들이 이스라엘과 함께 '이세의 뿌리'(사 11:10), 곧 다윗적 메시아인 예수 그리스도의 통치를 받아 구원을 얻는다고 결론짓는다는 것이다. 즉 로마서 전체를 '다윗의 씨'-'이세의 뿌리'로 표현된 예수의 메시아/그리스도 됨으로 수미상관을 이룸으로써, 로마서 전체의 내용이 예수의 메시아(왕)로서의 구원을 선포한다는 것이다. 더불어, 로마서에서 '복음' 선포에 동원된 기독론적 칭호들, '그리스도'(왕), '하나님의 아들', '주'뿐 아니라 구원론적 어휘들, '(정)의', '화평', '구원', '(율)법' 등이 로마 황제의 칭호들과 그의 '복음'의 어휘들과 유사하다는 것이다.

그러나 로마서에서 '(정)의', '화평', '구원', '(율)법' 등의 언어는 로마제국의 이데올로기의 뜻(정치적 의미)으로서가 아니라, 유대교의 신학적 의미를 가진 것이고, 그리스도의 구원을 '칭의', 하나님께 '화해됨'(그리하여 하나님과의 '화평'을 얻음), 하나님의 자녀들로 '입양됨', 하나님의 '형상'과 '영광'을 얻음이라 하는 것은 로마제국의 정치적 의미를 갖는 것이 아니어서, 언어적 유사성은 반로마제국적 해석을 뒷받침하지 않는다. 더구나 로마서 13장 1-7절은 바울이 로마의 그리스도인들에게 그들의(즉 로마의) 통치자들을 존경하고 복종하며 그들에게 세금을 제대로 바치라는 가르침을 담고 있어, 반로마제국적 해석에 아킬레스건으로 작용하고 있다.

더구나 근래의 보다 엄격한 역사 연구를 통하여 바울 당시 로마제국의 동부 도시들에서 더러 황제 숭배와 '로마' 여신으로 상징되는 로마제국 숭배가 행해졌으나, 그것이 모든 기독교인이 피할 수 없는 심각한 문제가 아니었다는 것도 밝혀졌다(한 세대 후 90년대 요한계시록의 상황에서는 점점 더 심각해짐). 그러므로 바울은 황제 숭배에 대한 경계를 우상숭배를 피하라는 일반적인 가르침에는 내포하지만, 그것을 특별히 언급하지는 않는다.

그리스도에 대한 칭호들, '하나님의 아들', '주', '구원자' 등도 반드시 가이사를 부인하는 뜻으로 쓰인 것이라고 볼 필요가 없다. 당시 유대 철학자 필로(Philo)나 역사가 요세푸스(Flavius Josephus)도 자신들의 신 야훼에게 쓰는 칭호들을 가이사에게도 쓰는데, 그렇게 함으로써 그들은 야훼의 주권을 부인하며 가이사를 신으로 예배하는 것도 아니고, 다만 가이사에게 정치적인 의미로 자신들의 존경과 충성을 표시하기만 한 것이다. 그들과 비슷한 동기에서 바울 신학의 후예들인 목회서신들의 저자들이나 고대 교회의 교부들도 가이사에게 그리스도에 대한 칭호들과 비슷한 칭호들을 적용한다('하나님의 아들' 칭호만 제외하고).

이렇게 그들이 '주', '왕', '구원자' 같은 칭호들을 그리스도와 가이사에게 같이 쓴다고 해서 어느 한쪽을 부인하려는 것도 아니고, 또 그리스도의 주권, 통치, 구원을 겨우 가이사 정도의 것들(이 세상의 정치적인 것들)로 표현하기 위한 것도 아니었다. 그러므로 바울이 빌립보서 3장 20-21절과 데살로니가전서 4장 13절-5장 11절 등에서 그리스도의 재림을 가이사의 '왕림'(parousia)의 언어로 그릴 때, 그것의 위엄을 나타내고자 그런 의식(ritual)의 언어를 쓴 것이지, 재림하는 그리스도가 가져올 구원을 가이사의 '구원'과 아예 비교할 수 없는 것들로 그리는 데서 보았듯이, 그리스도를 가이사에 대적하는 분으로 그리고자 쓴 것이 아님을 알 수 있다.

로마제국에 대한 바울의 변증법적 태도

바울은 로마제국에 대해 변증법적인 태도를 취한다. 바울 서신들을 자세히 살펴보면, 바울은 로마제국의 여러 문제들, 그들이 이 '세상'의 일반적인 것들이거나 로마의 독특한 것들이거나 간에 그것의 근본적인 정신과 '지혜'(고전 1-2)와 타락한 삶의 방식, 팍스 로마나의 근본적인 한계 내지 허구성, 황제 숭배, 군림하는 통치, 노예제(고전 7; 몬 1), 의롭지 못한 재판(고전 6:1) 등에 대해서, 스스로 그 통치의 억압과 폭력성을 여러 번의 투옥을 통해 경험한 사람으로서 비판적인 입장을 취한다.

동시에 바울은 로마제국의 상대적 장점들을 인정한다. 바울은 그의 복음이 로마제국이나 그 지방 도시들의 종교나 문화에 어긋난다는 이유만이 아니라, 때로는 사회질서를 교란하는 것으로, 때로는 심지어 로마제국을 전복하려는 것으로(행 16장) 이해되어 여러 번 투옥되기도 하지만, 번번이 석방된 경험을 한 사람으로서(고후 1:8-10; 11:23; 살전 2:2), 로마의 행정과 사법제도가 근본적으로 불의하지만 그래도 고대 사회에서는 비교적 나은 것으로 인정한 것 같다. 그렇기에 그는 가이사 앞에서의 재판에서도 무죄 석방되기를 기대한다(빌 1:19, 26). 그래서 바울은 로마가 이루어 놓은 세계의 통합과 질서와 평화, 안전한 교통망을 활용하면서 선교 활동을 펼쳤다. 로마제국은 바울의 이방 선교의 물리적 조건을 만들어준 셈이다. 바울은 그것을 긍정적으로 평가한 것 같다.

로마서 13장 1-7절은 당시 한편 네로 치하에서 있었던 조세저항 운동의 조짐과, 다른 한편 유대에서 점차 증대되어 가는 열심당의 반란의 기운에 그리스도인들이 휩쓸리지 않을까 하는 우려를 반영한 것이기도 하지만, 바울이 가지고 있던 로마제국의 체제에 대한 상대적으로 긍정적인 평가도 반영한 것으로 보는 것이 옳다.

바울은 사단의 죄와 죽음의 통치가 현저히 나타나는 이 '세상'의 주된 세력으로서 로마제국의 근본적 문제점들을 잘 알면서도, 자신이 깊이 깨달은 주 예수 그리스도의 복음의 정치적 함의들을 교회 울타리를 넘어 사회 전체에서 보다 적극적으로 실현시키려 노력하지 않았다. 거기에는 당시 바울이 처한 입장과 외부 상황들이 원인으로 작용했다고 할 수 있다. 우선 바울은 로마제국을 여러 문제점들에도 불구하고 상대적으로 긍정적으로 평가했다. 로마제국이 무정부적 혼돈이나 더 악독한 독재, 전제 체제들보다 낫다고 생각했던 것이다.

그리고 당시 막 싹트고 있던 교회의 미미한 정치력과 특히 주 예수 그리스도의 재림이 임박했다고 믿은 그의 종말론(특히 고전 7:17-31 참조)도 적지 않은 영향을 미쳤다. 그는 예수의 재림 전 얼마 남지 않은 짧은 기간 동안 모든 열방이 주 예수 그리스도를 믿어 순종하도록(롬 1:5) 복음 선포에 집중해야 한다고 생각했던 것 같다. (그러므로 바울의 상황과 많이 다른 오늘날 우리의 한국 교회가 바울 복음의 정치적 함의들을 바울 자신보다 좀 더 적극적으로 실현하려 노력해야 한다.)

이런 이유들, 그리고 여기서 더 세세히 설명하지 못하는 다른 이유들로 인하여 필자는 바울 서신들을 반로마제국적으로 해석하는 것은 옳지 않다고 본다. 신약성경에서 명백한 반로마제국적 의도로 쓰여진 책은 요한계시록이다. 그 외 다른 신약의 책들도 바울 서신들과 성격이 비슷하다고 본다.

이 판단은 순전히 신약학도로서 신약성경을 역사적으로 해석해서 나온 것이지 무슨(예컨대, 보수) 이데올로기를 반영한 것이 아니다. 그러나 일부 피상적인 사람들은, 특히 시류에 따라 유행하는 새로운 학설들에 쉽게 부화뇌동하는 사람들이나 스스로 어떤(예컨대, 진보) 이데올로기에 헌신된 사람들은 필자와 같은 바울 해석을 '보수적'이라느니, '몰역사적(ahistorical)'이고 '몰정치적(apolitical)'인 '영적(spiritual)' 해석이라고 지칭하며, 하나님 나라 또는 주 예수 그리스도의 통치의 현재성을 무시하는 신학이라고 비판한다. 그러나 그것은 전혀 맞지 않는 비판이다.

예수의 하나님 나라의 복음과 바울의 칭의의 복음에 내포된 함의들

필자는 앞의 여러 질문들에 대한 답들에서 되풀이하여 밝혔듯이, 예수의 하나님 나라의 복음이나 바울의 칭의의 복음을 굳이 반로마제국적으로 해석하지 않아도 그들이 내포하는 함의들이 엄청난 정치, 경제, 문화적 변혁(진정한 혁명)의 힘을 가지고 있으며, 그렇기에 그들은 우리 그리스도인들(곧 교회)로 하여금 사단의 죄와 죽음의 통치가 나타나는 이 세상의 현실 정치, 경제, 문화에 대해 비판적인 안목을 갖게 하고 하나님의, 또는 그의 아들 우리 주 예수 그리스도의 구속의 통치의 일꾼들로서 그들을 변혁하려 애써야 한다고 주장한다.

사실 꽤 긴 세월 동안 필자는 바울과 예수의 관계에 천착하였는데, 근래에 '바울의 칭의의 복음은 예수의 하나님 나라의 복음에 대한 구원론적 표현이다'라는 결론을 얻었다(필자의 대중적인 강연을 채록한 책 《칭의와 성화》를 보라). 그래서 필자는 바울의 칭의의 복음은 하나님(의 아들)의 구원의 통치를 현실에서 실현하는 힘을 가지고 있고, 그 힘은 엄청난 정치적, 경제적, 문화적 변혁을 가져오는 힘이라는 것을 강조한다.

필자는 도리어 톰 라이트가 이 점을 보지 못하고, 좀 더 포괄적인 '신선한 관점'을 부르짖으면서도 아직도 '새 관점'의 한계에 머물러, 바울의 칭의론을 '유대인들과 이방인들이 율법의 행위 없이 그리스도의 은혜로 함께 아브라함의 자손들 되기'의 뜻으로만 해석하지, '하나님(의 아들)의 통치'의 범주로 해석하지 못하는 것을 비판한다. 그래서 톰 라이트가 로마서 1장 3-5절과 15장 7-13절의 수미상관을 중시하고 예수의 메시아/그리스도로서의 통치가 로마서의 내용이라고 되풀이하여 강조하면서도, 정작 로마서에서 바울이 전개하는 칭의론을 '아브라함의 자손들 되기'의 범주로만 해석하고 예수의 메시아/그리스도, 곧 하나님의 아들로서의 통치의 범주로 해석하지 못하고, 또 그것이 담고 있는 바울의 정치신학을 좁게 반로마제국적인 것으로만 해석하여 그것의 넓이와 깊이, 그리고 효과를 충분히 드러내지 못하였다고 비판한다(앞서 언급한 필자의 논문 〈Paul and the Roman Empire〉 참조).

그러므로 필자가 바울신학에 대한 반로마제국적인 해석을 비판하는 것을 두고 마치 필자가 예수와 바울의 복음은 정치와는 무관한 것이라고 주장하는 것으로 오해하여, 필자를 '반동'으로 모는 '진보주의자들'도, 또는 그와는 정반대로 필자를 자신들의 '몰정치적 신학'을 지원하는 것으로 칭찬하는 '보수주의자들'도 없기 바란다.

Chapter 7

Q 한국 교회에서 문제가 되고 있는
'가계에 흐르는 저주를 끊으라'는 식의
축귀와 병 고치는 치유사역에 대해서
어떻게 생각하십니까? [22]

　'가계저주론'은 명백히 반성경적, 반복음적인 이단이다. 그런데 우선
많은 그리스도인들이 하나님의, 곧 하나님의 영(성령)의 치유를 축사와
육신의 병 고치는 것으로 국한하는 문제부터 생각해 보자. 하나님 나라
의 통치의 실제화인 치유를 단지 귀신 쫓는 것과 육신의 병고를 제거하
는 것으로만 좁게 해석해서는 안 되고, 우리 삶의 모든 영역과 모든 차원
에서 우리를 '온전케 함'이라는 뜻으로 넓게 해석해야 한다.

22　월간 〈목회와 신학〉 통권122호(1999년 8월 1일) 한국 교회 갱신을 위한 권두대담 "한국 교회 안의 세 가지 신학적 혼동들"(41-46면).

하나님 나라(통치)가 근본적으로 우리에게 악과 고난을 제공하는 사단의 통치를 극복하고 하나님의 의와 구원을 실현하는 것이니까, 분명히 육신의 병고도 엄연한 고난인 이상 육신의 병고 제거로 나타나기도 하고, 정치적 압제의 제거로도 나타나며, 사회정의의 회복, 자유의 확대와 빈곤의 제거, 사회적 갈등을 극복하고 화평을 증진하는 것 등으로 다양하고 포괄적으로 나타난다. 바로 그런 것들이 전부 치유다.

그런데 이 치유는 우리 삶에서 부분화할 수 없고 다 얽혀서 나타난다. 가령 사회정의의 확대는 부의 비교적 공정한 재분배를 통해서 가난한 자들을 빈곤으로부터 해방시키는 것만이 아니라, 동시에 사회적 화평을 이루는 것이다. 사회적 화평은 또 사회 구성원들의 스트레스를 줄여 정신적 · 육신적 건강도 증진시킨다. 이처럼 사회정의의 확대가 포괄적인 치유를 가져오는 셈이다. 따라서 하나님 나라(통치)의 실제화인 치유를 '귀신 쫓아냄과 육신의 병고 제거'로만 해석하는 것은 옳지 않다.

예수님이 가장 역점을 두신 치유는 죄인들을 회복시키는 것

전통적으로 오순절 성령주의자들이나 그들의 영향을 받은 사람들은 하나님(의 성령)의 역사를 귀신을 내쫓고(축사) 육신의 병을 고치는 것으로만 국한하여 이해해 왔다. 그래서 예수의 포괄적인 치유사역을 이해하지 못하고, 그의 축사와 장애자 치유 사건들에만 열광하여 왔다. 신약의 복음서들이 예수께서 자신이 선포하는 하나님 나라의 복음, 즉 하나님의 구원의 통치를 시위(demonstration)하기 위해 하신 치유들 중 축사와 육신적 병고 제거의 경우들 몇 개를 클로즈업시키는 것이 사실이다. 그것은 그런 유의 치유가 예나 지금이나 시위 또는 실증의 효과가 가장 크기 때문이다. 그러나 그런 치유만 예수께서 하신 치유라고 보는 것은 성경을, 복음서를 제대로 이해하지 못한 것이다.

사실 예수께서 가장 역점을 두고 하신 치유는 죄인들을 회복시키는 것, 즉 그들을 죄와 죽음으로 통치하는 사단의 나라에서 불러내어(회개시켜) 의와 생명으로 통치하는 하나님의 나라로 들어가 창조주 하나님의 생명을 얻게 하는 일이었다. 그렇기에 예수는 '인자'(종말에 하나님 나라에 참여할 하나님의 백성을 창조하고 모을 것으로 예언된 그 '사람의 아들')로서 하나님 나라의 복음을 죄용서의 복음으로 규정하고, 자신이 "죄인들을 부르러 왔다"고 자신의 사명을 한마디로 표시하신 것이다(막 2:17과 병행절들).

누가는 예수의 이런 치유의 사건 하나를 클로즈업시켜 우리로 하여금 죄인들을 회복하는 형태로 나타난 예수의 치유를 더 잘 이해하게 한다. 그것이 삭개오의 이야기다(눅 19:1-10). 예수께서는 자신이 하나님 나라의 복음을 선포하여 사단의 죄와 죽음의 통치로 말미암아 갖가지 고난들(죽음의 증상들)을 당하고 있는 인간들로 하여금 하나님의 구원의 통치를 받아 온전케(즉 치유) 되고, 그리하여 사단의 죄와 죽음의 통치로 망가진 하나님의 창조를 다시 한 번 "심히 아름다운" 생태로 회복하며, 그리하여 진정한 '안식'이 있게 함을 시위하였다.

이를 위해 축사와 육신의 병을 고치는 형태의 치유를 택하셨다. 이는 그것이 하나님의 구원의 통치를 시위하는 데 가장 효과가 크기 때문이다. 그래서 안식일에 그런 치유의 기적을 자주 보이셨던 것이고, 복음서

저자들은 그 사건들 중 몇 가지를 클로즈업시킨 것이다. 그러므로 우리는 단순히 육신의 병고뿐만 아니라 모든 형태의 고난들(빈곤, 정치적 억압, 갈등 등)과 관련해서 사단의 통치를 생각하고, 그것을 극복하는 하나님의 나라(구원의 통치)를 생각해야 하며, 예수의 치유 또는 하나님(의 성령)의 치유를 단순히 육신의 병고 제거 차원에서만 생각할 것이 아니라 모든 악과 고난으로부터의 해방, 즉 하나님의 창조의 회복 차원에서 생각해야 한다.

오순절 은사 운동과 개혁신학이라는 양극단의 대립

그런데 20세기 초 오순절 성령 은사 운동이 처음 일어났을 때부터 그 운동의 참여자들과 그 영향을 받은 사람들은 치유를 축사와 육신의 병고 제거로만 국한하여 이해하면서, 그러한 치유를 할 수 있도록 하나님의 성령의 은사를 추구하고 그러한 치유를 시행하기를 강조하였다. 그들은 성령, 곧 하나님의 영의 포괄적인 치유를 이해하지 못하여 올바른 인간관계 회복, 인권이나 자유의 확대, 올바른 경제제도를 통한 사회정의 수립, 환경의 회복 등에는 관심이 없고, 병 고치기만 추구하는 균형 잃은 신앙 양태를 발전시켜 왔다.

그들 중 나름대로 '신앙'에 더 투철한 사람들은 의사의 의술이나 상담가의 심리학을 통해서 병 고치는 것은 인간적인 것이라며 피하고, 오로지 안수와 기도를 통해서만 이루어져야 성령의 치유라고 생각했다. 이런 사람들은 자신들의 집단 내 형제자매들의 신앙을 북돋우고, 또 문외한들을 자신의 교회나 집단으로 끌어들이기 위해 기도와 안수로 이루어진 축사나 치유를 과장하는 경향이 있다.

○○○목사의 안수 기도로 많은 장애자들이 기적적으로 낫고, ○○ 기도원에서는 치유되는 말기 암환자들의 수가 계속 늘어나고 있다는 식으로 말이다. 이리하여 그들의 신앙은 점점 미신화되어 간다.

20세기 초 오순절 성령 은사 운동이 이렇게 비성경적으로 불건전하게 전개되자, 프린스턴(Princeton)신학교의 탁월한 신학자 벤저민 워필드 (Benjamin B. Warfield)는 《가짜 이적들(Counterfeit Miracles)》라는 책을 써서 축귀나 육신의 병고 제거 같은 치유 은사들은 사도시대로 끝났다고 주장하였다. 그에 의하면 그런 치유를 할 수 있는 성령의 은사는 하나님께서 사도들을 그리스도의 사자로 확인하고 그들이 선포하는 복음을 자신의 말씀으로 확인하여 그리스도 교회의 초석을 다지기 위해서 주신 것인데, 이제 사도시대 이후 교회가 굳건히 선 후에는 하나님께서 더 이상 그런 은사를 주시지 않고, 교회는 오직 하나님 말씀 선포로만 성장하고 선교하게 하셨다는 것이다. 그래서 전통적인 개혁신학은 워필드의 견해를 견지하는 경향을 가지고 있다.

이렇게 개혁신학은 성령의 치유에 있어 오순절 은사 운동과는 정반대의 극단으로 흘러, 특히 그 신학을 스콜라 신학적으로 고수하는 보수(장로) 교회들은 복음을 선포함에 있어 복음이 가져오는 구원을 다분히 관념화되고 추상화된 것으로 가르치고, 하나님 나라(구원의 통치)가 가져오는 구원의 현재적 모습, 즉 우리 삶에 구체적으로 이루어지는 치유에 대해서는 제대로 가르치지 않는 경향이 있다(사실 하나님의 절대 주권을 기독교 신앙의 제1원리로 삼고 삶의 모든 영역에서 그것이 실현되는 것을 추구한다는 개혁신학이 소극적 경건주의에 집착하며, 하나님 나라의 복음을 제대로 해석하고 적용하여 개인이나 공동체적 삶에서 치유와 샬롬이 구체적으로 이루어지도록 하는 일을 등한시 하는 것은 하나의 역설이다).

여기 몇 마디로(대충, 불충분하게) 간추린 두 상반되는 신학/신앙 경향들을 더 대충 표현하자면, 오순절 신앙은 성령의 은사들에 '도취되어' 가슴(감정)이 너무 '뜨거운' 나머지 머리(이성)를 잃고 어떤 이적 주장들, 심지어 과장되고 거짓으로 지어 낸 주장들까지도 믿는 경향이 있다면, 개혁신학은 머리로의 믿음만 너무 강조한 나머지 가슴이 너무 '찬' 신앙, 구원의 힘에 대한 현재적, 실체적 체험을 등한시 하는 신앙을 갖는 경향이 있다.

이 두 극단의 경향은 예수 또는 성령의 치유를 육신의 병고 제거에만 국한시킨 데서 온다. 우리는 하나님(의 성령)의 치유를 사단의 죄와 죽음의 통치가 가져오는 모든 고난으로부터 우리를 해방하는 것으로 포괄적으로 이해해야 한다. 그렇기에 육신의 병고도 사단의 통치 아래 타락한 이 세상의 엄연한 고난인 한, 하나님(의 성령)의 치유가 사도시대뿐 아니라 오늘날에도 일어난다는 것을 부인할 필요가 없다. 그것이 의술이나 상담을 통하지 않고 기도를 통해서도 간혹 일어난다는 것을 부인할 필요가 없다. 반면에, 그런 치유에 매료된 오순절 은사 운동의 추종자들은 성령은 그런 치유만 주시는 것이 아니고, 무엇보다 가장 기본적으로 죄인들이 하나님께 회복되도록 하는 치유를 주신다는 것을 잊지 말아야 한다.

참된 치유의 은사는 무엇인가

앞서 누가는 삭개오의 이야기를 펼쳐서 후자의 치유를 해설한다고 말했다. 그것을 잠깐 생각해 보자. 예수께서 가장 심각하게 경계한 우상숭배의 형태는 로마 황제상이나 헬라 신상에 절하는 것이 아니라 맘몬(재물) 숭배였다(마 6:24; 눅 16:13). 오늘날에도 우리에게 사단이 사용하는 가장 위협적이며 큰 파괴력을 나타내는 우상숭배의 형태가 맘몬 숭배다. 하나님의 '아빠' 노릇 해주심에 의지하고 순종하는 것이 아니라, 돈으로 나의 안녕과 행복을 확보하려는 태도다.

그런 태도는 우리로 하여금 이웃을 착취하는 삶을 살게 한다. 그런 삶은 심지어 가족 간에도 갈등을 일으키고, 사회에서 불의를 낳으며, 나라들 간에 전쟁도 일어나게 한다. 그래서 엄청난 고난을 낳으며, 우리를 정신적, 육신적으로 병들게 한다. 모든 우상숭배는 사단이 우리에게 자신의 지배권을 확보하는 수단이다. 사단은 우리를 "돈을 많이 벌어야 너와 너의 자식들이 안녕과 행복을 누릴 수 있다"라는 말로 유혹하여 맘몬 우상숭배에 빠지게 하고, 그리하여 우리로 하여금 이웃 착취의 죄를 짓게 하고, 그 대가로 앞에서 말한 고난들을 가져다주는 것이다.

세리 삭개오도 사단의 통치를 받아 맘몬 우상숭배에 빠지고, 많은 사람들을 착취하여 자신의 부를 쌓는 삶을 살면서 많은 사람들과 갈등하고 서로 두려운 관계가 되어 그들 틈에 끼지 못하게 되었다. 그러나 예수의 하나님 나라의 복음을 들었을 때 그는 자기 재산의 반을 가난한 자들에게 나누어 주고, 자신이 토색한 것을 네 배로 갚겠다고 결단함으로써 맘몬 우상숭배의 유혹에서 오는 사단의 통치를 벗어나게 되었고, 그럼으로써 하나님의 통치를 받는 사람, 즉 하나님께 의지하고 순종하며 이웃을 사랑하라는 하나님의 법, 곧 이중사랑계명을 실천하는 사람이 되었다. 그렇기에 예수는 이렇게 선언하신 것이다. "오늘 이 집에(하나님 나라의) 구원이 임했다!" 그 구원은 삭개오의 치유와 회복, 삭개오와 이웃들 간의 화해, 사회정의의 실현으로 구체화되어 나타났다. 이것이 치유다. 예수께서 가장 중요시하고 가장 많이 하신 치유다.

나는 아직도 육신의 병고 제거만 치유로 생각하는 신학도들이나 목사들에게 자주 묻는다. ○○ 기도원에서 기도로 암환자 100명 치유하는 것과, 독재자 ○○○를 회개시키는 것 가운데 어떤 것이 더 큰 치유사역인가? 정치적 폭압으로 수백만, 수천만을 고난 속으로 몰아넣고, 심지어 전쟁을 일으켜 수십만, 수백만의 생명까지 앗아 가는 독재자 하나를 회개시키는 것이 훨씬 더 큰 치유사역이 아닌가? 또 이렇게 묻는다.

지난 2007년 돈을 더 벌겠다고 날뛰다 전 세계를 금융위기로 몰아넣어 전 세계 수백만, 수천만을 실직시키고, 더러는 자살로 몰아넣은 미국 뉴욕 월가의 펀드 매니저들 몇을 회개시키는 것은 얼마나 큰 치유사역이고, 생명 살리는 사역인가?

관리들에게 뇌물을 주고 엉터리로 지은 자신의 공장에서 오염 물질을 방출시키고, 유해 물질이 섞인 제품을 만들어 팔아 돈 버는 우리 교회의 헌금 잘 내는 사업가 장로, 집사에게 하나님 나라의 복음을 올바로 선포하여 회개시키는 것은 또 얼마나 큰 생명 확대의 사역인가? 불의한 정권에 아부하여 출세하고자, 뇌물받아 더 부자 되고자, 불의한 재판을 하여 권력과 돈 있는 악인들은 놓아 주고 힘없는 약자들은 가혹하게 처벌하는 우리 교회 안에서 '신앙 좋다'는 고관, 판사, 검사 장로들이며 집사들로 하여금 하나님 나라의 복음을 제대로 알도록 하는 것이 얼마나 큰 치유사역인가?

은사 운동자들이 범하는 오류들

우리는 관념화되고 추상화된 구원론을 가르쳐 오늘 우리에게 포괄적이고 다양한 형태의 치유에서 오는 하나님의 구원을 체험하지 못하게 하는 구식 스콜라 신학도 배격해야 하고, 성령의 치유를 오로지 육신의 병고 제거로만 이해하여 복음을 왜곡하고 신앙을 미신화하는 은사 신학도 배격해야 한다.

기도와 안수를 통해서 '이적적'으로 이루어지는 치유만 성령의 치유라는 은사 운동자들이 범하는 또 하나의 오류도 신학적 무지에서 오는 것인데, 때로는 위험하기까지 한 것이니 당연히 배격해야 한다. 만유를 다스리는 주 예수 그리스도가 성령을 통하여 의사나 상담자를 통해서도 치유를 주신다는 것을 부인해서는 안 된다.

옛 신학의 일반계시 및 일반은총 이론으로 말하자면, 창조 세계(자연)와 역사의 과정을 통하여 하나님께서 자신의 진리를(일반적으로) 계시하시고 불신자들에게도 이성과 양심을 주시어 자연과 역사를 관찰하여 하나님의 진리를 어느 정도 터득하게 하셨다. 때로는 죄로 왜곡되기도 하지만, 그렇게 얻은 지식이 쌓인 것이 의학이요 심리학이고, 그 지식을 이용하여 치유하는 것이 의술이요 상담 기법이다. 그래서 그 지식이 왜곡되지 않고 올바로 적용될 때 우리는 치유가 일어나는 것을 본다. 그래서 수술로 암환자도 고치고, 약이나 상담으로 정신병도 완화하거나 치유하는 것을 보게 되는 것이다.

우리는 이런 치유가 설령 불신자 의사나 상담가에 의해서 이루어진다 해도 궁극적으로는 하나님의 계시와 은총에 의한 것, 주 예수 그리스도의 주권의 행사에 의한 것, 성령의 일반적 역사에 의한 것으로 이해해야 한다. 칼뱅이 가르쳤듯이 모든 참된 것(진리), 선한 것(선), 아름다운 것(미)은 다 우리 하나님께로부터 오는 것이다. 그러므로 유일신을 믿는 기독교인들은 누가 진리를 발견하였든, 누가 선을 행하였든 그것을 한 하나님의 역사를 힘입은 것으로 인정할 수밖에 없는 것이다.

그러므로 이제 의사나 상담가가 하는 치유는 인간이 하는 것이어서 진정한 치유가 아니라며, 누가 아프면 병원에 보내지 않고 기도원에 보냄으로써 병이 도져 재앙을 맞는 그런 원시적, 미신적 신앙은 극복되어야 한다. 아픈 사람은 병원에 보내고, 하나님께서 의사를 통하여 그를 잘 치료해 주시길 기도하는 것이 옳은 신앙의 자세다.

은사 운동자들 가운데 자주 나타나는 또 다른 오류를 배격해야 한다. 그것은 모든 고난(병고, 사업 실패 등)을 구체적으로 귀신에게 돌리는 것이다. 기독교 신학 체계에서 궁극적으로 모든 악과 고난이 사단과 사단의 일꾼들인 귀신들을 통해서 오는 것이라고 말할 수는 있다. 그러나 우리 신약성경은 모든 악과 고난의 구체적인 현상을 사단 또는 귀신과 일대일로 연결시키는 것을 권장하지 않는다.

그것의 근본 이유는 많은 경우 우리의 고난이 인류의 연대성, 심지어 자연과의 연대성에서 온다. 그러나 온 인류가 또는 온 세상이 사단의 영향을 받아 악과 고난을 일으키는 것은 맞지만, 내가 당하는 현재의 구체적 고난을 내 안에 지금 들어와 해코지하는 귀신에게 돌릴 수는 없는 것이다. 가령, 내가 우울증에 걸렸다고 하자. 그것은 내가 오염된 환경에서 살기 때문일 수도 있고, 복잡한 인간관계의 갈등에 얽혀 있기 때문일 수도 있다. 이때 오염된 환경이나 인간관계의 갈등 전체에 사단의 역사가 있다고 인식할 수는 있어도, 내 안에 구체적으로 귀신이 작용하여 내가 우울증을 앓고 있다고 생각하거나, 그렇기에 축사하여 치유하겠다고 생각하는 것은 옳지 않다.

내가 파산하게 되었다면, 내가 과욕을 부려 무리한 투자를 한 결과일 수도 있고, 경쟁자들의 부당한 공격이나 대기업의 횡포의 결과일 수도 있다. 후자의 경우는 내가 인간의 연대성 속에 살기 때문에 남의 죄로 내가 고난을 당한 것이다. 여기서 어떻게 내 안에 역사하는 귀신을 논하겠는가? 전자(즉 나의 과욕)의 경우는 나 자신이 사단의 맘몬 우상숭배의 유혹에 빠진 결과이니 사단의 일꾼인 귀신의 영향을 받았다고 말할 수도 있겠다. 이 경우 내가 그 죄를 진지하게 회개하고 하나님의 통치에 따라 살겠다고 다짐하며 새 출발하면 된다. 이런 경우 축사의식을 한다는 것은 나를 사주한 사단 또는 귀신에게 책임을 전가하고 그 귀신을 쫓아내려 하는 것이지, 정작 그들의 사주를 따른 나 자신의 책임은 무시하는 것이기에 진지한 회개를 하지 않는 경향이 있다. 그렇기 때문에 축사가 도리어 해악을 끼친다.

모든 고난의 책임을 사단에게 전가하는 잘못

사도 바울의 예를 보자. 바울은 그렇게 데살로니가로 돌아가 믿음이 아직 어린 성도들을 돌보고 싶었는데, 못 가게 된 것을 사단이 자기를 훼방했기 때문이라고 말한다(살전 2:18). 데살로니가의 당시 통치자들이 바울을 내쫓았고 들어오지 못하게 한 것을 두고 하는 말이다. 그들이 하나님 나라의 복음을 선포하는 바울을 내쫓고 이제 막 성립된 데살로니가 교회를 돌보는 일을 못하게 하니, 그들이 하나님의 대적인 사단의 일꾼 노릇하고 있다고 보고, 그들의 그런 행위를 궁극적으로 사단의 장난이라고 한 것이다.

그러나 정작 바울이 데살로니가 교회에 보낸 전·후서에 있는 윤리적 권면을 보라. 모든 악과 고난이 사단으로부터 들어오니까, 즉 죄에 빠지는 상황, 유혹에 넘어가는 상황, 또는 고난 상태에 있는 상황, 전부가 사단에게서 온 것이니까 사단을 탓하라고 권면하지 않는다는 사실에 유의하라. 바울은 그의 모든 서신에서 그런 사단적 작용이 있다는 것을 전제하고 한두 번 사단의 이름을 언급하기도 하지만, 주로 사단의 사주를 받는 우리 자신들에 초점을 맞추고, 그러한 우리를 '육신'이라 지칭하면서, 우리가 믿음과 결단의 주체로서(사단의 사주를 받는) '육신'을 따를 것이 아니라(주 예수 그리스도를 의지하고 순종하는 것을 권하는) 성령의 인도하심을 따라 살라고 권면한다. 모든 악과 고난을 자꾸 사단과 연결시켜서 '귀신, 귀신' 하면서 살라고 하지 않는다. 왜냐하면 그렇게 되면 자기 믿음과 도덕적 결단의 주체로서의 자기 책임을 자꾸 회피하고 사단에게 책임을 전가하게 되기 때문이다.

한 예를 들자면, 미국 풀러(Fuller)신학교의 교회사 교수 멜 로벡(Mel Robeck)이 하루는 나에게 말하기를 한국 학생 둘이 자기를 찾아와서 자신들이 이번 주간 귀신이 들려서 공부를 전혀 못했다면서 시험을 한 주만 연기해 달라고 요청했다는 것이다. 그는 오순절 교단 출신으로서 고대 교회의 성령 운동, 미국의 20세기 오순절 운동의 전공자인데도, 미국의 오순절 교인들이 초기에 신학이 미숙하여 많이 저질렀던 오류를 지금 한국의 신학생들이 저지르는 것을 보고 대단히 실망스럽다고 했다. 항상 '귀신, 귀신' 하면서 사는 사람들의 신앙의 부작용이란 게 바로 이런 현상이다.

치유에 대한 잘못된 이해가 낳은 결과

우리가 겪는 모든 악과 고난을 구체적으로 사단이나 귀신과 연결하는 것을 삼가야 하는 또 하나의 이유는 만일 그렇게 하면 사단을 극복하신 주 예수 그리스도보다도 사단을 더 많이 생각하게 됨으로써 사단 의식에 짓눌려서 하나님 나라의 구원을 누리기보다는 사단의 영향권 아래 들어가기 쉽기 때문이다. 복음의 기쁨으로 살지 못하고 사단이나 귀신에 대한 불안함, 두려움으로 살게 되는 사단 공포증에 걸리게 되는 것이다.

C. S. 루이스의 말로 기억하는데, 우리가 사단을 무시해서도 안 되지만, 계속 사단을 생각하고 살면, 즉 자꾸 귀신, 귀신 하면 그 귀신의 마력 아래로 들어가게 된다는 것이다. 그러므로 우리 그리스도인들은 요한일서(4:4)가 말하는 대로 '우리 안에 계시는 분(곧 성령, 즉 승리하신 주 예수 그

리스도의 영)은 이 세상의 영(즉 사단, 또는 적그리스도의 영)보다 훨씬 강하다'는 사실을 굳게 믿고 주 예수 그리스도의 성령에 힘입어 그 구원의 확신 가운데 담대히 살아가야 한다.

치유에 대한 잘못된 이해가 결국 그리스도인으로서 살아가야 할 풍성한 삶과 윤리적 책임 자체를 회피할 근거를 만들어 주는 셈이 된다.

우리가 아직도 박멸되지 않은 사단이 우리를 유혹하여 죄를 짓고 고난을 받도록 한다는 사실에 대해 경각심을 갖는 것은 중요하다. 그래서 우리는 '악한 자의 시험에 들게 하지 마옵소서'라고 기도하면서, 자신의 '육신'의 욕구대로 사는 것을 경계해야 한다. 그와 더불어 사단을 이긴 주 예수 그리스도의 성령의 깨우치심과 믿음 중심에 힘입어 예수의 주권에 순종하는 것에, 즉 그의 이중사랑계명을 실천하는 데 초점을 맞추고 살아야 한다. 그렇지 않으면 주 예수의 승리를 같이 누리지도 못하고, 주 예수께 대한 순종을 책임 있게 행하지도 못한다.

가계저주론은 복음과 정면으로 배치되는 사상

'가계에 흐르는 저주'라는 식의 신학은 결국 앞에서와 같이 자기 책임 회피의 신학이라고 볼 수도 있다. 우리 조상이 지은 죄에 대한 하나님의 저주가 가계에 흘러 오늘날 나에게 심판이 일어나 이런저런 고난을 당한다 하니, 그것은 조상 탓하는 것 아닌가?

그런데 그것보다 훨씬 더 심각한 문제는 '가계저주론'은 복음과 정면으로 배치되는 사상이라는 것이다. 예수 그리스도 안에 계시된 하나님은 사랑하시는 하나님이며 우리 죄를 용서하시는 하나님이다. 예수 그리스도께서 선포하신 하나님 나라의 복음은 '하나님의 용서하심, 회복하심 또는 재창조하심'의 복음이다. 요한복음 3장 16-17절이 예수의 복음을 가장 잘 요약해 표현하지 않았는가? "하나님이 세상을 이처럼 사랑하사 독생자를 주셨으니 이는 그를 믿는 자마다 멸망하지 않고 영생을 얻게 하려 하심이라 하나님이 그 아들을 세상에 보내신 것은 세상을 심판하려 하심이 아니요 그로 말미암아 세상이 구원을 받게 하려 하심이라." 그런데 이런 복음을 믿는 자들이 어떻게 '가계저주론'을 말하며, 하나님을 조상의 죄로 인해 후손들을 벌주는 분으로 만들 수 있는가? 이런 가르침은 사실상 이러한 그리스도의 복음을 안 믿는다고 선언하는 행위이니, 스스로 비그리스도인이라고 밝히는 것이고, 하나님을 욕되게 하는 참람죄를 범하는 행위다.

구약에는 출애굽기 20장 5절에 한 번 하나님이 조상의 우상숭배 죄를 자손 3대, 4대에까지 물려 벌하겠다는 말씀이 나온다. '가계저주론'을 부르짖는 자들은 이 본문을 그들의 '복음'으로 삼는 모양이다. 그러나 그 본문은 그것의 문맥에서 벌써 상대화되고 있다. 즉 이어서 나오는 하나님을 사랑하고 그의 계명을 지키는 자들에게는 천 대에 이르기까지 복 주시겠다는 말씀과 비교해 보았을 때, 우리는 벌써 하나님은 벌주시기보다 복주시기를 기뻐하시는 사랑의 하나님임을 알게 된다.

한 가정 안에 3~4대까지 함께 사는 것이 근래 우리나라에서도 드물지 않았듯이, 고대 이스라엘에서도 흔히 볼 수 있는 현상이었을 것이다. 그러므로 가장이 벌받으면 온 가족, 3~4대까지 함께 사는 온 가족이 고난을 함께 당했을 것이다. 더구나 당시 가장이 섬기는 신을 그의 자손들이 따라 섬겼으므로, 어떤 가장이 우상을 섬기면 그 가정이 다 그렇게 하였을 것이기에, 그 가장을 따른 가정이 3~4대까지 함께 하나님의 징벌을 받았을 것이다. 설령 본문을 '가계저주론자들'처럼 문자 그대로 해석한다 해도, 본문이 하나님의 징벌의 무거움을 강조하면서도 동시에 이어서 나오는 천 대와 비교하여 그 징벌의 기간이 비교할 수 없이 짧음을 강조하고 있다는 점에 유의하라.

그런데 더 심각한 문제는, '땅 밟기 영적 전쟁론자들'이 자신들의 이단 사설을 정당화하기 위해 여호수아 6장 한 곳에 집착하며 신구약의 가르침 전체를 무시하듯이, '가계저주론자들'도 출애굽기 20장 5절 본문 하나에 집착하여 신약의 복음은 물론 구약 전체의 가르침을 깡그리 무시한다는 것이다. 이처럼 성경의 몇 구절을 멋대로 골라 조합하여 교리를 만들고 신구약 전체의 가르침은 무시하면서 그 구절들만 자신들이 주장하는 교리의 증거 본문들로 들이대는 것이 이단의 전형적인 특징이다. '가계저주론'은 이렇게 그리스도의 복음과 정면으로 배치되고 성경 전체의 가르침을 무시하므로 명백한 이단이다.

저주의 하나님인가, 용서와 사랑의 하나님인가

성경을 조금만 아는 사람들도 출애굽기 20장 5절의 말씀이 신약은 말할 것도 없고 구약 전체적으로도 하나님에 대한 본질적인 계시가 아니라, 하나님의 용서와 회복을 선포하는 말씀들이 훨씬 더 많고 훨씬 더 본질적인 계시라는 것을 안다. 그래서 하나님이 선지자 이사야를 통해서는 우리 "죄가 주홍빛같이 붉어도 눈같이 희게 하시겠다"고 약속하고, 예레미야를 통해서는 패역한 유다를 징벌하여 바빌로니아에 70년간 노예 생활 하도록 보낸 뒤(그것이 3~4대쯤 되겠다), 그들을 용서하고 회복시키기 위해 그들과 새 언약(렘 31:31-34)을 체결하겠다고 하시면서, 그 언약에는 "내가 그들의 사악함을 용서하겠고, 그들의 죄들은 더 이상 기억하지 않겠다"는 약속을 담겠다고 선포하신다.

이사야 43장에는 하나님이 바빌로니아에 있는 유대 포로들을 해방시켜 성지로 회복시키면서, 죄책감에 빠진 그들에게 "너희는 이전 일을 기억하지 말며 옛날 일을 생각하지 말라 보라 내가 새 일을 행하리니 이제 나타낼 것이라 너희가 그것을 알지 못하겠느냐 반드시 내가 광야에 길을 사막에 강을 내리니"(18-19절) 하시고, "나는 네 죄를 용서하는 하나님이다"(25절, 새번역)라고 선언하시는 장면이 기록되어 있다.

다메섹 도상에서 교회를 잔해하려 했던 사울-바울이 그가 적대했던 주 예수 그리스도를 만나 하나님의 용서의 은혜와 사도적 소명을 받은 체험을 자서전적으로 진술한 것이 고린도후서 5장 13-21절의 내용이다. 그곳에서 그는 그리스도를 육신적으로 오해해서 그런 흉악한 죄를 저질렀음을 고백하고(5:16) 이어서 자신이 그리스도의 대속의 제사(5:13, 21)의 은혜를 덕 입어 '새 피조물'이 되었음을 선언하고, 그것을 바로 이사야서 43장 18-19절을 인용하여 뒷받침한다. "이전 것은 지나갔으니 보라 새 것이 되었도다." 바울은 이 사건을, 하나님이 그를 적대하던 바울 자신을 하나님께 '화해'시킨 사건이라 하고, 자신이 '화해'의 복음을 선포하도록 사도로 부름 받아 죄인들더러 하나님께 화해하도록 권하는 하나님의 대사가 되었다고 설명한다.

이것이 신구약의 복음이다. 예수 그리스도 안에서 자신을 계시하신 하나님은 우리 죄를 용서하실 뿐 아니라, 용서하시기 위해 친히 자기 아들을 내어 주시는 분이다. 요한복음 3장 16-17절과 비슷하게 로마서 3장 24절도 하나님께서 그리스도를 우리를 위한 속건제로 주셨다고 하지 않는가? 하나님께서 그리스도를 대속의 제사로 내어 주셔서 우리의 죄를 씻어 주시고 우리 죄인들을 '의인'들로 만들어 주시며 자신의 자녀들로 회복시켜 주신다는 것이 그리스도의 복음이다. 누구든지 이 복음을 믿으면 '의인'이 되고(롬 1:16-17), 새로 지음 받은 '피조물'이 되며(고후 5:17), 정죄되지 않고 영생을 얻는다(요 3:16-17). 우리의 하나님은 이렇게 우리를 용서하시고 해방하시며 회복하시는 사랑의 하나님이다. 조상의 죄에 대한 '저주'를 자손들에게까지 대대로 '흐르게 하는' 가계저주론자들'의 '하나님'은 다른 신이다. 다른 신은 존재하지 않는다. 그러므로 그것은 '가계저주론자들'의 허상이요 우상이다.

알코올중독자의 불우한 환경에서 자란 아들이 자라서 또 알코올중독에 빠지고 빗나가 범죄자가 되어 감옥에 가고, 그러면 또 그 아들의 아들이 그런 불우한 가정환경에 자라서 또 비행청소년이 되는 현상이 일어나곤 한다. '가계저주론자들'은 그런 것을 예로 들며 조상의 죄에 대한 하나님의 저주가 가계에 흐르는 증거라고 하는 모양이다. 그러나 그런 현상은 하나님께서 그 가계를 저주해서 그런 것이 아니고, 그 가계의 구성원들이 반복하여 죄를 선택하며 죄 가운데 행함으로 그렇게 되는 것이다. 하나님께서는 회개하여 그런 삶의 방식을 돌이키기를 바라고 그 가계를 용서하고 구원하시길 원하지, 저주하시는 분이 아니다.

그러므로 우리가 정작 유의해야 할 것은 그런 상황에서도 잘못된 삶의 방식을 회개하여 하나님의 용서를 체험하고 전혀 새사람이 되는 경우다. 심지어 살인자의 자식이라도 그 아비의 죄에 대해 하나님의 저주를 물려받아 흉악한 범죄자가 되고 큰 고난을 받는 것이 아니라 도리어 하나님의 사랑을 체험하고 전혀 새로운 사람이 되어 하나님과 교회와 사회 전체에 큰일을 하는 사람이 될 수 있다.

교회의 핍박자 바울을 보라. 우리 그리스도인들 모두는 각자 자신을 돌아볼 일이다. 우리는 모두 죄인이다. 그러나 하나님은 우리를 저주하지 않으시며, 저주를 우리 자손들에게 대물림하지는 더더욱 않으시며, 도리어 우리를 용서하시고 '의인'들로 만들어 하나님이 주시는 '화평'과 '자유'를 누리면서(롬 5:1; 8:1; 갈 5:1) 하나님을 섬기고 이웃을 섬기게 하지 않으시는가? 그래서 바로 그 은혜로 우리가, 너나 할 것 없이 죄인이었던 우리 모두가, 오늘 그리스도인으로 서 있을 수 있지 않은가? 이런 하나님의 은혜를 모르는 '가계저주론자들'을 어떻게 그리스도인이라 할 수 있겠는가? 그들은 이단자들이거나 아니면 이교도임에 틀림없다.

그리스도의 복음을 적대하고 그리스도인들을 오도한 신학자들

풀러신학대학원에는 오순절 출신 교수가 둘 있다. 그중 하나는 2000년대 초에 부총장을 지낸 신약학 교수 러셀 스피틀러(Russell P.

Spittler)이고, 다른 하나는 앞에 언급한 교회사가 멜 로벡이다. 1990년대 그리고 2000년대 초에 풀러선교대학원의 몇몇 교수들이 '가계저주론'을 포함한 '영적전쟁론'을 가르쳐 많은 학생들을 오도하고 풀러신학대학원의 명성을 전 세계적으로 훼손하므로, 풀러신학대학원 교수들이 그런 가르침들의 비성경적 성격을 지적하며 강하게 반발하게 되었다. 풀러심리대학원 교수들도 선교대학원의 그런 가르침들이 진정한 기독교적 상담을 그르친다고 우려하면서 비슷하게 반발하였다. 그래서 풀러의 세 대학원의 전체 교수진이 모여 세 번이나 심각한 토론을 벌였다.

나는 그때 신학대학원의 대표들 중 하나로 선정되어 그 문제들에 대해 소논문을 쓰고 그 토론에 적극 참여하게 되었다. 이때 멜 로벡이 나에게 말하였다. "1920~1930년대에 오순절 교회들에서 '(지역)귀신론'을 말하며 '영적전쟁론'을 논하고 축사 등의 행위들을 많이 행했는데, 오순절 교회가 점점 신학적으로 성숙해지면서 지도부는 이미 오래전에 그런 논의를 다 버렸다. 그런데 아직도 주변의 사람들이 그것을 여전히 행하고 있다." 그리고 러셀 스피틀러 부총장은 풀러의 전체 교수회의의 토론에 앞서, 미국 오순절 교회 지도부가 산하 교회들에게 내린 지침, 즉 축사 같은 행위들을 삼가라는 지침을 낭독하기도 하였다.

스피틀러는 또 나에게 이렇게 말하였다. "근래에 《가계저주를 끊으라》(Breaking Generational Curses: Overcoming the Legacy of Sin in Your Family) 등의 책들을 써서 '가계저주론'을 유행시킨 메릴린 히키(Marilyn Hickey)는 나와 함께 자란 옛 고향 친구다. 그는 신학 수업을 제대로 받지 않아 신학에는 문외한이다. 그녀가 그의 책들에 담은 '가계저주론'의 사례들이라는 것은 대개 그녀가 지어 낸 소설 같은 얘기들이다."

그런데 그런 책들에 오도되어 진정한 신앙에서 빗나가는 사람들이 그렇게 많다니 얼마나 슬프고 우려스러운 일인가? 특히 그 사람의 책들과 그 책들을 모방한 한국인 저자들의 책들에 의해 귀신 공포증에 시달리고, '가계저주론'이 가져다주는 음침한 공포 분위기에서 허우적거리는 한국의 많은 그리스도인들, 교회에서 제대로 복음을 배우지 못하여 그런 이단자들의 '밥'이 되는 사람들은 얼마나 불쌍한 사람들인가?!

신학을 공부하고 풀러에서 박사학위까지 받았다고 내세우는 사람들이 그런 이단사설을 퍼뜨려 불쌍한 그리스도인들을 오도하고 착취하는 행위는 얼마나 큰 죄인가? 그들이 정말로 자기들이 말하는 '가계저주론'을 믿는다면, 그들이 그렇게 그리스도의 복음을 대적하고 하나님의 백성을 오도한 죄(성경적으로 말하자면 '거짓 선지자'의 죄, 교회사적으로 말하자면 '이단자'의 죄)에 대한 하나님의 '저주'가 그들의 자손 3대, 4대까지 흘러갈 것을 두려워해야 하지 않겠는가?!

4

고난에

대하여

Chapter 1

Q 그리스도인으로서 고난과 신앙의 관계에 대해
올바르게 이해하는 것은 매우 중요하다고 봅니다.
성경이 말하는 고난이란 무엇이며,
어떻게 이해해야 하는지 말씀해 주세요. [23]

고난은 인간이 하나님과 분리된 한계와 결핍에서 비롯된 것

나는 이미 꽤 오래전에 '그리스도인의 구원과 고난에 대한 예수의 가르침'이라는 제목의 글을 쓴 적이 있는데, 그 글을 참조하면 도움이 될 것이다. 성경 전체에 나타나고 특히 사도 바울이 잘 밝힌 성경적 가르침에 의하면, 인간의 고난은 그 기원이 아담과 연대해 있는 우리 인류의 죄로 말미암은 것이다.

---

23 월간 〈목회와 신학〉 통권140호(2001년 2월 1일) 한국 교회 갱신을 위한 권두대담 "믿음의 고난은 그리스도인의 표지입니다"(39-44면).

고난이란 결국은 인간이 하나님과 분리되어 자신의 한계성 속에 갇혀 존재하기 때문에, 즉 그 한계성에서 오는 결핍 때문에 발생하는 것이다. 예컨대, 우리 인간은 지혜와 능력이 부족해서 불안에 빠지고 해결할 수 없는 수많은 문제들에 직면하기도 하고, 영원한 존재가 아니고 시간의 지배를 받는 존재이기 때문에 늙고 병들고 죽는 고난들을 겪는 것이다. 한계성의 인간, 곧 자원의 결핍으로 고난받는 인간은 이웃의 자원을 빼앗아 자신의 자원을 늘리려는 삶의 방식을 취한다. 그래서 인간 사회는 만인이 만인에 늑대 노릇하고, 약육강식하며, 적자생존하는 장이 되어 갈등, 불의, 착취, 압제 등의 고난들이 발생하게 되는 것이다.

이런 개인적인 고난이나 인간관계에서 오는 고난뿐 아니라, 심지어 자연재해와 같은 고난들도 자연과의 연대성(solidarity) 속에 있는 인간의 죄로 말미암아 발생하는 것을 많이 본다. 그래서 로마서 8장에서는 인간의 죄로 말미암아 하나님의 피조물 전체가 신음하고 있다고 한다. 또한 인간의 구원과 함께 창조 세계 전체도 구원을 받을 것이라고 말한다.

인간과 자연의 연대성에 대해서는 얼마 전까지만 해도 잘 이해되지 않았다. 그러나 오늘날에는 아주 쉽게 이해가 된다. 왜냐하면 오늘날 물신주의적 우상숭배와 쾌락주의적 삶의 태도 등으로 인해 인간은 자연을 일방적으로 착취하게 되었다. 이로 인해 가령 열대우림 파괴로 전 세계에 사막이 확대되고, 탄산가스의 증가로 인해 지구의 온난화와 오존층 상실이 일어나 인간의 암 발생이 늘어나고 있다. 사하라 사막의 남진으로 아프리카에 기아의 위험이 더 커지고 있는 것을 본다. 즉 인간의 죄성 때문에 자연이 신음하고, 자연이 신음하니까 다시 인간이 그 대가를 치르는 것이다.

결국 모든 고난, 즉 개인적인 고난이든 인간관계 속에서의 고난이든 자연과의 관계에서 비롯된 고난이든 모든 고난은 궁극적으로 죄로 인해 일어나는 것이다. 따라서 구원은 모든 고난으로부터 해방을 의미하는데, 그것은 고난의 근본적인 원인인 인간의 죄 문제를 해결하는 데에서 시작된다. 바로 이것이 그리스도가 약속하고 이루신 구원이다.

현실에서 하나님의 통치는 어떻게 실현될까?

'예수님이 하나님의 아들이요 주(主)'라는 신앙고백은 그분이 하나님의 통치를 '상속'받아 대행하시는 분이라는 뜻인데, 그 하나님의 통치는 내가 늘 강조하듯이 추상적이거나 모호한 것이 아니라 구체적으로 사랑의 이중계명을 지키라는 요구로 오는 것이다. 즉 '혼신을 다해 하나님을 사랑하라'와 '네 이웃을 네 몸같이 사랑하라'는 사랑의 이중계명 말이다.

하나님을 사랑한다는 것은 하나님을 하나님으로 예배하고 그에게 의지하고 순종하는 것을 말한다. 그러니까 하나님 사랑의 반대말은 우상숭배다. 예수께서 가장 심각하게 경계한 형태의 우상숭배는 맘몬이즘, 물신주의, 즉 돈으로 자신의 안녕과 행복을 확보하려는 태도였다. 이 우상숭배는 필연적으로 우리로 하여금 이웃을 착취하게 만들어 갈등을 조장하고 불의를 낳는다. 이렇게 물신주의 우상숭배는 우리로 하여금 이웃을 사랑하지 못하게 한다. 반대로 하나님을 사랑할 때, 즉 나의 생명과 안전이 오로지 하나님께로부터 온다고 믿고 하나님을 의지하며 그의 뜻에 순종할 때, 우리는 이웃에게 너그러워지고 사랑할 수 있게 된다. 그럴 때 하나님과의 관계도 올바르게 되고, 이웃과의 관계도 올바르게 되어 갈등이 해소된다. 그에 따라 고난이 해소되고 자연에 대한 착취도 해소된다. 그러면 자연히 스트레스도 줄어들어 암도 덜 걸리게 된다. 이것이 바로 성경이 가르치는 사단의 죄와 죽음(고난)의 통치를 벗어나 하나님의 통치를 받음으로써 이루어지는 구원의 구조다.

의, 곧 올바른 관계의 회복이 샬롬을 가져오는 것이다. 하나님의 통치를 대행하는 주 예수 그리스도는 오늘 우리로 하여금 우리의 모든 가치판단과 윤리적 선택의 순간마다 맘몬을 숭배하고 이웃을 착취하라는 사단의 통치를 거부하고 하나님을 사랑하고 이웃을 사랑하는 길을 택하라, 그리하여 사단이 가져다주는 죽음(고난)을 받지 말고 하나님께서 주시는 샬롬을 누리라고 요구하신다.

구원과 고난을 함께 체험하는 것은
구원의 완성이 종말까지 유보된 까닭

그런데 이 구원은 종말론적인 구조를 가지고 있다. 즉 '이미'와 '아직도 아님'의 구조다. 그리스도가 이미 이루시어 그의 영(성령)이 현재에서 벌써 체험하게 하는 구원이 있다. 그래서 지금 우리가 그 구원을 어느 정도 누릴 수 있는 것이다. 하지만 그 구원은 어디까지나 '첫 열매'이고 종말에야 우리는 그것의 완성 또는 '온전한 수확'을 얻을 수 있다. 우리가 하나님의 사랑의 이중계명의 요구에 순종할 때, 사람들 간에 올바른 관계가 이루어지고, 자연도 회복되고, 그리하여 고난이 줄어든다. 죽음의 '증상'인 고난이 줄어든다는 말은 생명이 확장된다는 말이다. 이렇게 우리는 벌써 그리스도의 구원을 실제로 체험하고 누릴 수 있다.

그러나 종말까지는 고난이 완전히 극복되는 것이 아니다. 그러므로 그때까지는 그리스도의 구원을 누리는 우리 신자들도 사단의 죄와 죽음의 통치에서 오는 고난을 완전히 피할 수 없다. 그러므로 주 예수 그리스도께서 재림하여 사단의 통치를 완전히 제거하고 하나님의 통치를 완성할 때까지는 아직 완전한 구원을 누릴 수 없다. 그러니까 고난이 전혀 없는 완전한 구원은 종말까지 '유보'된, 또는 종말에 얻기로 '예약'된 것이다. 그러므로 그리스도의 구원은 '이미' 이루어지고 우리는 '벌써' 그 '첫 열매'의 형태로 누리지만 '아직' 완전한 형태로는 누릴 수 없는 것이다.

우리의 구원이 이와 같이 '이미'와 '아직도 아님'의 종말론적인 구조 속에 있기 때문에, 즉 그것의 완성은 종말까지 유보됨(eschatological reservation)의 구조 속에 있기 때문에, 지금 우리는 구원도 체험하지만 동시에 고난도 겪게 되는 것이다. 또는 사단의 죄와 죽음의 통치가 지속되는 '이 세상'의 고난 속에서 하나님 나라(통치)의 구원을 체험하며 사는 것이다.

죄를 지은 자와 고난을 받는 자가 반드시 일치하지는 않는다

고난은 죄로 말미암아 일어난다는 것을 살펴보았다. 그런데 여기서 우리는 내가 고난받는 것이 나의 죄 때문이기도 하지만, 반드시 그렇지는 않다는 점을 이해해야 한다. 쉬운 예로 내가 음주운전으로 전봇대를 들이받아서 나의 다리가 부러졌다면, 그것은 나의 죄로 인해 내가 고난을 받는 것이다. 그러나 적지 않은 경우 다른 사람의 죄로 말미암아 내가 고난을 받기도 한다. 나는 운전을 제대로 하는데, 다른 사람이 음주운전을 해서 내 차를 들이받아 내 다리를 부러뜨렸다면 이것은 다른 사람의 죄로 인해 내가 고난을 받는 것이다. 죄가 고난을 낳는 것이지만, 죄를 지은 자와 고난을 받는 자 사이에 반드시 일대일의 관계가 성립되지는 않는다는 말이다. 인간은 연대성 속에 살기 때문에 나의 죄로 인해 다른 사람이 고난을 받기도 하는 것이다. 그 역도 성립되어 나의 선행으로 다른 사람이 덕을 보기도 한다.

독재자 한 사람의 죄로 인해 얼마나 많은 사람들이 고난을 받게 되는가? 2007년 뉴욕 월가의 불과 몇(백 또는 천?) 명의 맘몬 우상배자들의 탐욕의 죄로 온 세계에 경제적 재앙이 내려 얼마나 많은 사람들이 직장뿐 아니라 심지어 생명까지 잃었는가? 한 악덕 기업주의 부실 공사로 다리가 무너지고, 아파트가 무너져 얼마나 많은 사람들이 생명을 잃게 되는가?

그런데 아직도 한국의 많은 그리스도인들은, 심지어 여러 목사들까지도, 신학적 터득이 부족하여, 누가 고난을 받고 있으면 그 사람은 자신의 죄에 대한 하나님의 벌을 받고 있다는 고정관념을 가지고 있다. 누가 암에 걸렸다, 사고를 당했다, 또는 사업이 기울었다 하면 무조건 "당신 회개하라"고 충고한다. 그리하여 죄짓지 않고 고난받아 위로가 필요하고 하나님의 도우심에 대한 확신이 필요한 사람들에게 도리어 아픔을 더 키우는 경우가 많다.

누가 독한 술을 많이 마셔서 간암에 걸렸다면, 그 사람은 자신의 죄에 대한 벌을 받고 있는 것이다. 그 사람에게는 자신의 죄를 회개하라고 권하는 것이 옳다. 그러나 어린 아이가 인근 공장에서 나온 오염물질로 인해 백혈병에 걸렸다면, 그가 아이나 그의 부모가 지은 죄로 인하여 벌을 받는 것이 아니므로, 그들이 회개해야 하는 것이 아니고, 환경공해를 일으키는 그 공장주가 회개해야 하는 것이다. 우리 모두가 죄의 세상에서 연대하여 함께 살기 때문에 함께 고난을 받는 경우가 허다하다.

그리스도인의 임무는 의와 사랑의 이중계명을 실천하는 것

이런 상황에서 그리스도인은 어떻게 살아야 할까? 즉 그리스도인의 임무는 무엇일까? 하나님 나라의 복음을 선포해 모든 사람으로 하여금 하나님의 주권 아래 들어와서 하나님이 명령하신 사랑의 이중계명을 철저히 실천하는 것이다. 그리고 우리의 구원이 궁극적으로 종말까지 유보된 상황 속에서도 할 수 있는 한 하나님에 대한 헌신과 이웃에 대한 사랑을 회복하여 의가 이루어지고 그래서 샬롬이 이루어지도록 하는 것이다. 그것이 주 예수 그리스도의 구원의 통치가 실재가 되어 나타나도록 하는 길이고, 고난을 줄이는 길이다. 그것이 교회의 임무다. 그것이 주 예수 그리스도의 구원의 통치를 이루기 위해 일꾼들이 해야 할 일이고, 사단의 죄와 죽음의 통치를 박멸하는 그리스도의 병사인 그리스도인의 임무다.

그런데 우리의 온전한 구원이 종말까지 유보된 상황에서는 우리 그리스도인들이 의를 실천하려 노력할 때, 곧 사랑의 이중계명을 지키라는 요구에서 오는 하나님의 통치에 순종하여 물신주의 우상숭배를 지양하고 하나님을 사랑하고 이웃을 섬기는 삶을 살려고 할 때, 그 삶에 대한 보상이 항상 그렇게 행하는 사람에게 귀결되지 않을 때가 많다. 앞에서 말한 것처럼, 내 죄로 이웃이 고난을 받듯이 나의 선행으로 이웃이 구원의 혜택을 볼 수 있다. 그러나 때로 선을 행하는 나는 오히려 손해를 볼 때가 있다. 왜냐하면 이 사회의 다수가 물신주의적이고 이기적인 삶의 방식을 취하기 때문이다.

소수의 그리스도인들이 물신주의 삶의 방식을 지양하고 이웃 착취 방식을 포기할 때 결국 물질적으로 손해를 보고, 또 불의한 자들에 의해 이용당하고 착취를 당하는 경우가 흔하다. 그래서 의인들은 사회 전체에 덕(구원의 현재적 표현)을 끼치지만, 정작 자신들은 희생하고 고난을 받게 되는 것이다. 의인들이 더 고난을 받는다는 것은 이미 구약에서부터 등장해 성경 전체에서 강조되는 중요한 사상이다. 그리고 그런 의인의 고난받음의 절정이 예수님의 고난이다. 그의 십자가 고난으로 온 인류에게 구원의 길이 열렸지만, 정작 예수 자신은 십자가에서 희생제물로 처절하게 고난받으신 것이다.

그런 예수는 그의 제자들에게 고난받을 각오를 하라고 이르셨다. 예수는 누구든지 자기의 제자가 되려거든 '자기를 부인하고 자기 십자가를 지고 나를 따라오라'고 하심으로써 자기희생, 고난이 제자도의 본질에 속한다는 것을 강조하셨던 것이다. 하나님께 헌신하고 이웃을 사랑하는 것이 곧 자기부인이며 자기주장의 반대다. 때문에 예수는 이렇게 그리스도인이 고난을 받는다는 것을 제자들에게 철저히 가르치셨고, 사도 바울도 매우 강조한 것이다(예: 빌 1:29; 살전 3:3 참조).

그리스도인의 실존이란 변증법적인 것이다. 예수님이 가져온 구원은 영혼의 구원이라는 관념적인 것으로만 이해되어서는 안 된다. 구원은 관념이 아니라 실재다. 우리의 삶에서 인간관계의 회복이나 건강의 회복으로도 나타나고, 자유, 정의, 평화의 확대로도 나타나는 것이다. 그리스도의 복음은 이렇게 구체적인 구원을 가져온다(그리하여 우리의 고난을 감소시킨다). 그런데 우리가 그 복음대로 살 때 자기희생의 고난이 함께 따라온다. 구원과 고난의 변증법적 현상이다. 그래서 특히 바울은 의인의 고난 받음을 강조했다. 때문에 그리스도인에게 기본적으로 요구되는 덕목이 바로 '오래 참음'(long suffering), 곧 고난을 견뎌 냄이다.

'오래 참음'에는 보통 '관용'이라고 번역되는 마크로두미아(makrothumia)가 있고, '인내'라고 번역되는 '휘포모네'(hypomone)가 있다. 전자는 주로 인간관계에 적용되는 덕목이다. 즉 나에게 악을 저지르고 나를 못살게 구는 사람에게 오래 참아 주는 태도다.

고린도전서 13장에 보면 사랑의 첫 덕목이 '마크로두미아'다. 나에게 고난을 가져다주는 사람에게 오래 참아 주는 태도다. 반면 '휘포모네'는 좀 더 포괄적인 의미로서 모든 고난을 참고 견딘다는 뜻이다. 이런 참고 견디는 태도는 우리가 종말에 올 구원의 완성에 대한 소망을 가진 사람으로서 이 고난의 세상에서 현재 취해야 할 덕목이다. 이 사단적 세계 속에서 하나님의 백성이 하나님의 백성답게 살려다 보니까 고난을 겪게 되는데, 이때 바로 종말론적 구원의 소망 가운데서 참고 견딘다는 것이다. 그래서 이 두 가지가 바로 바울이 매우 강조하는 믿음의 덕목이다.

고난의 교육적 의미와 구속적 의미

지금까지의 설명이 고난에 대한 보다 소극적인 해석이라고 한다면, 고난을 받는 성도의 자세에 대한 보다 적극적인 해석도 있다. 그것은 모든 고난이 갖는 '교육적 의미'(pedagogical meaning)와 '구속적 의미'(redemptive meaning)를 성도의 삶에 적극적으로 적용하는 것이다. 고난이 우리를 연단하고 하나님의 자녀다운 성품을 앙양(character-building)하는 것이라는 것(롬 5:3-5), 그래서 '하나님의 형상'인 그리스도를 닮아 감으로써 하나님의 형상을 점점 회복해 가는 과정이라는 것이다.

고난은 구원의 종말론적인 유보 상황에서 어쩔 수 없이 참고 견뎌야 하는 것이라는 측면도 있지만, 적극적으로는 우리로 하여금 하나님을 더욱 의지하게 하고, 하나님의 백성다운 성품을 얻도록 하기 위해 우리를 연단시키는 것이기도 하다는 것이다. 히브리서 12장 3-11절은 성도의 고난을 하나님께서 우리가 그의 자녀이기 때문에 우리 아버지로서 우리에게 주시는 '훈육'이라는 사실을 강조한다.

더 나아가 바울은 고난을 통해 우리의 아담적 옛사람이 점점 소멸되고, 반면 '마지막 아담'(곧 '종말의 아담')인 그리스도를 통해 우리 안에 회복된 하나님의 형상이 점점 강화되어 간다는, 한 차원 더 깊은 해석을 한다. 즉 고난을(전통 신학의 개념인) '성화'의 과정으로 본 것이다. 고난은 자기를 주장하고 남을 착취하려는 우리의 '옛사람', 옛 아담적 자아가 점점 죽어 가고, '새사람', 곧 새 아담적 존재가 우리 안에서 점점 더 확인되어 가는 과정이라는 것이다. 고난을 통해 하나님의 형상이 우리 안에서 점점 더 또렷해진다는 것이다.

이것이 바로 바울이 고린도후서 4장에서 '우리의 고난을 통하여 옛사람, 곧 겉사람은 후패해 가나 속사람은 강화되어 간다'고 하는 말의 뜻이다. 고난이란 하나님의 통치를 받아야 하는 당위(正)와 자기주장으로 살아야 하는 세상의 에토스(反) 사이에서 오는 것이지 않은가? 이 사이에서 세상의 정신과 방법대로 나도 남을 속이고 빼앗는 식으로 살면 어떤 면에서 나도 고난을 덜 받고 세상적으로 잘 살 수 있다. 그러나 내가 그렇게 살지 않고 하나님의 자녀로서 하나님을 의지하고, 이웃 착취가 아니라 이웃 사랑의 태도를 가지고 살면, 내가 세상적으로 손해 보게 된다. 그러나 바로 그런 고난이 나로 하여금 더욱 하나님의 형상을 회복해 가게 한다.

고난은 나의 옛 아담적 자아를 벗어버리고 새 아담적 존재를 입어 가는 과정이다. 그런데 이 옛 아담적 자아를 벗어버리는 과정이 아프다. 이것이 고난이다. 그러나 그런 고난을 통하여 우리는 하나님의 형상을 회복한 새 아담, 그리스도를 닮아 간다. 이리하여 우리는 첫 아담에게서 상실된 하나님의 형상을 회복해 간다. 바울은 고난을 이렇게 적극적으로 해석한다. 그러니까 그리스도인의 고난은 구원의 종말론적 유보 상황에서 불가피한 것인데, 종말에 완성될 구원을 바라보며 그것을 참고 견딜 뿐 아니라, 그것이 나의 성화를 진전시키는 것이라고 적극적으로 이해하면서 좀 더 긍정적으로 받아들일 필요가 있다.

종말론적 유보 상황에서 고난을 피할 수 없다는 사실을 인정한다 하더라도, 또는 그것의 '교육적 의미'와 '구속적 의미'를 긍정적으로 헤아린다 하더라도, 우리에게 닥친 고난을 이해하고 받아들일 수 없을 때도 많다. 또 우리가 인간의 연대성 속에 살기 때문에 때로는 나의 죄 때문이 아니고 이웃의 죄 때문에 내가 고난받는다는 사실을 알면서도, 그 이웃의 죄로 인한 고난이 왜 하필 나에게 덮쳤느냐고 질문하며 심지어 하나님을 원망하고 싶은 때도 있다.

오염물질을 방출하는 악덕 공장주의 죄로 인해 왜 하필 아직 선악도 구분 못하는 나의 세 살배기 아이가 백혈병에 걸리나? 다른 아이들은 멀쩡한데 말이다. 이 고난이 왜 하필 그동안 교회 봉사 열심히 해온 내게 닥쳤는가? 신앙생활을 바르게 하는 그리스도인들이 실제로 고난을 당하면 이런 질문들이 그들의 마음속에 떠오르는 것은 당연하다. 하지만 그런 때일수록 회의하고 절망할 것이 아니라, 또 고난을 단순히 소극적으로 참고 견디기만 할 것이 아니라, 어렵지만 그래도 하나님이 나의 고난을 통해 이루시려고 하는 선한 뜻이 무엇인가를 헤아려 보는 것이 좋다.

그러면 우리는 앞서 얘기한 고난의 '교육적 의미'도 터득하면서, 때로는 나의 고난(희생)이 세상에 덕을 끼치는 것을 보고, 그것이 하나님이 적극적으로 뜻한 것은 아니고, 도리어 사단의 죄와 죽음의 통치하에서 일어난 것이지만(또는 하나님이 그것을 기껏해야 용인한 것이지만), 하나님이 그것을 선하게 이용하시어 그의 구원이 좀 더 실현되게 하신 것임을 깨닫게 된다.

이렇게 이웃이나 세상에 결국 유익을 가져오는 고난을 '구속적 고난'

(redemptive suffering)이라 하는데, 그것의 궁극적인 계시, 즉 온 세상에 영원히 효과 있는 계시는 예수 그리스도의 고난을 통해 나타났지만, 우리의 일상에서도 흔히 사례를 경험하게 된다. 예를 들면 아이들의 백혈병으로 인한 희생은 정부로 하여금 공장들의 오염물질 방출을 더 강하게 규제하여 보다 건강한 환경을 만들게 하고, 민주화 투쟁에서 희생된 사람들 덕에, 아직도 많이 부족하지만, 우리가 이만큼이라도 자유와 정의와 평화를 누리게 되었고, 순교자들의 희생으로 오늘날 교회가 굳건히 서게 된 것 등을 들 수 있다.

우리가 고난의 이러한 긍정적 의미들, 즉 '교육적 의미'와 '구속적 의미'를 깨달을 때 우리는 우리의 고난을 좀 더 잘 견디며, 고난을 허락하신 하나님을 원망하기보다는 도리어 더 굳게 믿고 종말의 구원의 완성을 바라보면서 삶을 위한 새로운 용기를 얻게 된다.

그리스도인의 삶에서 고난을 배제할 수는 없을까?

그렇다면 고난을 배제한 그리스도인의 삶은 생각할 수 없을까? 대답은 '그렇다'이다. 따라서 '그리스도인은 축복을 받기 때문에 고난을 받지 않는다'고 가르치는 것은 옳지 않다. '예수 믿으면 이 땅에서 복받고, 죽어서 천국에 간다'는 너무 단순화된 복음 선포 양식은 위험한 것이다. 특히 한국에서처럼 '복'을 순전히 건강과 부와 출세의 뜻으로만 해석하면서 그렇게 선포할 때, 그것은 '생식과 번영의 신' 바알의 복음이지 십자가에 달린 주 예수 그리스도의 복음이 아니다.

한국의 다수 목사들과, 미주의 다수 한인 목사들 및 일부 비한인 목사들, 그리고 해외의 다수 한인 선교사들이 그런 '건강과 부의 복음'을 선포하고 '번영신학'(prosperity gospel)을 가르치는데(그래야 신도들이 '은혜받았다'고 하며 모여들어 '교회 성장'이 이루어진다고 한다), 그런 가르침은 예수의 제자도와 배치되고, 그리스도의 복음이 내포하는 윤리적 요구(하나님의 통치를 받으라는 요구)를 무시하는 것이다. 나아가 구원의 종말론적 유보를 부인하는 것으로 미신적인 신앙 또는 기복신앙을 앙양하는 것이다. 게다가 우리가 하나님의 통치를 받는 가운데 겪는 고난을 통하여 세상의 고난이 실제적으로 줄어들도록 해야 할 그리스도인의 의무를 저버리고, 우리로 하여금 세상 사람들과 똑같이 오로지 자신의 이익만을 추구하며 살게 만드는 것이기도 하다.

교회가 '복'을 물질적으로만 해석하면서 비성경적으로 가르치니, 많은 한국의 그리스도인들은 사랑의 이중계명을 지키라고 명령하며 오는 하나님의 통치는 받지 않고 도리어 물신주의에 빠져 수단 방법을 가리지 않고 돈을 벌려고 하는 세상적(즉 사단의 통치에 순종하는) 삶의 방식으로 산다. 그래서 국회 청문회에 나오는 '기독교인' 고관들이 온갖 '비리 백화점'으로 드러나는 것이 이제는 '예외'가 아니라 거의 '법칙'이 되어버리지 않았는가? '기독교인' 고관들이 그러할진대, '기독교인' 사업가들은 어떠할 것인가?

이렇다 보니 그리스도인들을 통해 우리 사회에 하나님 나라의 의와 샬롬이 확대되는 것이 아니라 도리어 불의와 고난이 확대되는 것을 자주 본다. 결국, 교회가 올바른 복음을 선포하고 복음에 합당한 삶을 권면

하지 않으면, 세상의 고난은 커질 수밖에 없는 것이다.

　그러므로 목사들은 구원과 고난의 변증법적인 구조를 잘 가르쳐서 고난받는 그리스도인들이 믿음과 소망을 잃지 않고 고난 가운데서도 긍정적으로 살 수 있도록 북돋워야 한다. 동시에 그리스도인들로서 우리가 사랑의 이중계명으로 오는 하나님의 통치(예수의 주권)에 적극적으로 순종함으로써, 세상에 의와 샬롬을 확대하여 우리의 이웃이 그 덕(복)을 보고, 그럼으로써 결국 우리도 덕(복)을 보는 윤리 구조가 실현되게 해야 한다. 내가 죄를 지으면 반드시 이웃이 고난을 받고, 내가 의를 행하면 이웃이 반드시 복을 받게 되어 있다. 우리가 서로서로 의를 행한다면 서로서로가 복을 받게 되고, 세상에 고난이 줄어들게 된다. 이것이 그리스도인들의 공동체인 교회가 세상에 '소금' 노릇을 제대로 감당하는 것이다.

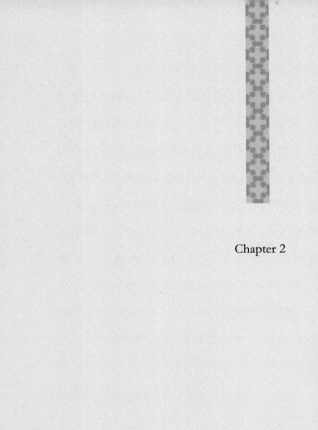

Chapter 2

고난에 처한 교인들에게
목회자는 무엇을 해줘야 할까요? [24]

부활의 소망 가운데 인내하도록 가르치라

기본적으로 목회자들이 복음을 바르게 선포하면서 고난을 감소하기 위해 많이 애써야 한다. 가령 끼니를 굶는 사람들을 위해서는 성도들의 나눔 생활을 가르치고 구제에 힘써야 하고, 병자들을 위해서 기도하고 그들이 병원에 가 치료받도록 도와야 하고, 직장을 잃은 사람들에게는 새로운 삶의 용기와 함께 직장을 얻을 수 있도록 도와야 한다. 물론 현실

24 월간 〈목회와 신학〉 통권140호(2001년 2월 1일) 한국 교회 갱신을 위한 권두대담 "믿음의 고난은 그리스도인의 표지입니다"(44-47면).

의 가능성의 한계가 있지만, 그 한계 속에서도 최선을 다해 노력하는 것이 '목자'의 '양 떼'에 대한 올바른 자세다. 고난을 받는 사람들에게 그들의 문제들, 필요들(needs), 아픔과는 관계없이 이른바 '영적 복음'만 선포하고, 내세의 소망만 강조하며, '소극적 경건주의'의 삶만을 가르치는 것은 기독교를 '아편'으로 작용하게 하는 우를 범하는 것이다.

고난을 당하면 이런 질문이 당연히 나오게 되어 있다. 내가 하나님을 섬기고 열심히 봉사하며 사는데, 갑자기 암 말기라는 임종 선고를 받아야 하는가? 이 부패한 세상에서 누구보다 양심적으로 사업하려 애쓰는데, 왜 나의 사업이 부도가 나게 되었는가? '의인'들 또는 성도들이 고난을 받게 되면 '왜'라는 질문이 나오지 않을 수 없다. 너무나 인간적인 반응이다. 그럴 때 목회자가 신학적으로 잘 설명해야 한다.

고난이라는 것이 죄의 결과이기는 하지만, 그것이 항상 당신의 죄 때문에 온 것은 아니라는 것을 말해 주어야 한다. 물론 고난이 그것을 당하는 사람의 죄 때문에 온 것이라면, 그에게 회개하도록 가르쳐야 한다. "하나님이 하나님과 이웃을 섬기라고 우리에게 주신 몸에다가 자꾸 독주를 부어대는 바람에 몸이 망가지고 간암이 걸렸다면, 그래서 자신이 고난받고, 가족이 고난받고, 사회가 부담을 안게 되었다면, 이것은 명백히 하나님 나라의 법(하나님 사랑, 이웃 사랑의 계명)을 어긴, 하나님의 통치를 거스른 죄를 지은 것이다. 그러므로 당신은 회개해야 한다"고 가르쳐야 한다.

그러나 내가 간암에 걸렸는데 내가 술을 많이 마셔서가 아니라, 죄악된 세상의 연대성 속에서 공기가 오염되고 스트레스가 많기 때문에 일어난 일이라면, 바로 이러한 죄악 된 세상에서 우리를 구원하기 위해 하나님이 그의 아들을 내어 주셨고, 하나님이 계속해서 우리를 사랑하신다는 것을 말해 주어야 한다. 설령 당신의 남편이 병을 앓은 지 1년 만에 삶을 마감해도 하나님은 당신을 사랑하시고, 당신의 남편은 그리스도 안에 있으며, 종말에 우리 모두 완성된 구원에 부활의 몸으로 동참하게 된다는 것을 알려 주고 부활의 소망 가운데서 참고 견디도록 가르쳐야 한다.

고난이 축복이 될 때

앞서 말한 대로 우리를 못살게 구는 사람들에게도 오래 참음, 곧 마크로두미아를 발휘해야 한다. 고린도전서 13장에서 사랑은 오래 참는다고 말하는데, 바로 그런 의미다. 오래 참음 곧 종말의 소망 가운데서 휘포모네가 필요하고, 우리의 믿음이 연단되어야 한다. 하나님과 더 많이 교제하고, 하나님을 더 많이 의지하게 되는 고난, 이것이 우리의 성화의 과정이 될 수 있기 때문이다. 결국 고난이 우리의 축복이 된다는 것이다.

그렇다고 고난을 미화하여 고난을 완화하려고 노력하지 않아도 된다는 말은 물론 아니다. 고난을 완화할 수 있다면 우리는 최대한 그것을 위해 애써야 한다. 교회가 어려운 사람들에게 자선을 베풀고, 이웃과의 갈등으로 엄청난 고난을 받는 사람이 있으면 화해를 통해 고난을 감소시키려고 해야 한다.

그런 노력과 함께 다음과 같은 일들에 힘써야 한다. 사회 구조가 부패해서 몇 사람이 비윤리적인 방법으로 재산을 불리고, 사람들이 물신주의에 빠져 금융위기가 발생하는 등 나라가 어지러울 때, 교회는 선지자적 복음을 전해야 한다. 교인들 가운데 대통령도 나오고, 장관들도 있고 재벌들도 있는데, 대통령, 장관 노릇을 어떻게 하고 재벌 노릇을 어떻게 하고 있는지, 또 어떻게 해야 하나님의 통치를 받는 것인지 똑똑히 가르쳐서 바르게 정치하고 바르게 경제를 운영하도록 권면해야 한다. 이렇게 해서 국민과 사회의 고난을 축소해야 한다. 교회가 하나님의 구원의 전달자가 되어야 한다. 그와 동시에 이 땅의 역사 속에서는 종말의 완성 때까지 고난의 완전한 해결책이 없다는 점도 가르쳐야 한다. 교회가 이런 균형 잡힌 신학을 가르쳐야 한다.

사회구조적인 고난을 해결하기 위해 교회가 할 일

또한 목사는 다른 한편으로 구원과 고난에 대해 포괄적이고 바른 신학적 해석을 통해 성도들이 종말의 구원에 대한 소망을 더 확고히 갖도록 하고, 죄의 심각성에 대해 더 포괄적이고 깊은 이해를 갖도록 가르쳐야 한다. 자신의 죄로 인해 고난받는 사람에게는 회개를 촉구하고, 사회의 구조적인 문제로 실직당해 고난받는 사람에게는 새로운 직장을 얻도록 도우면서, 회중 전체가 우리나라에서 보다 정의로운 경제구조와 보다 효과적인 복지정책을 수립하기 위해서 그리스도인들이 어떤 가치들을 추구하고 어떤 삶의 방식을 취해야 할 것인가를 생각해 보도록 돕는 일도 해야 한다. 그리하여 성도들이 스스로 사랑과 의를 행하는 삶을 살도록 도우며, 민주 시민으로서 정치적 과정에 참여할 때 어떤 정당이나 정치가의 정강 정책이 하나님 나라의 의와 평화의 가치들을 보다 더 잘 반영하고 있는지 올바로 판단하면서 참여하도록 도와야 한다.

그리하여 그들이 사회의 구조악은 줄이는 한편 정의와 화평을 확대하는 데 자신들의 역할을 다하도록 해야 한다.

아직도 불의와 부패가 만연한 한국 사회에서 수백만을 헤아리는 우리 그리스도인들이 사랑의 이중계명의 요구로 오는 하나님의 통치(예수의 주권)에 실제로 순종하고 하나님 나라의 가치들과 원칙들을 현실 정치(Realpolitik)의 제약 속에서도 최대한 반영하려 하는 정당을 지지하는 '정치'를 하면, 우리 사회에 구조악, 비리, 부패와 그로 인한 고난이 얼마나 크게 줄어들고, 그 대신 정의와 평화는 얼마나 크게 확대될 것인가? 그러면 계층 간 갈등과 지역 갈등도 해소될 것이며, 남북 간의 평화도 진전되어 그만큼 고난이 줄어들 것이 아닌가? 그리스도인들은 하나님의 구원의 통치가 현실 속에 나타나도록 하는 하나님 나라의 일꾼들(agents)이요, 병사들인 것이다.

교회는 일차적으로 성도들을 잘 가르쳐 각자 삶의 자리에서 의를 실천하도록 해야 한다. 그러나 하나님 나라의 땅 위에서의 징표인 교회가 하나의 조직된 집단으로서 사회 전체를 향해 의와 화평을 이루도록 선지자적인 발언도 해야 한다. 그러나 교회가 직접 나서서 인권, 자유, 정의, 평화, 환경 회복 등을 위한 운동을 펼치기는 어렵다. 그러므로 교회가 전문적 지식과 조직된 인적 자원을 가지고 그런 운동을 하는 NGO들을 적극 지원하는 것도 중요하다. 교회는 세상의 소금과 빛으로서 하나님의 구원의 통치를 실현하는 일꾼 노릇을 적극적으로 감당해야 한다.

Chapter 3

Q 고난에 대한 포괄적이고 적절한
신학적 이해와 가르침이
중요하다고 느껴집니다.
그러려면 복과 저주에 대한
성경적인 가르침에 대해서도
잘 이해하고 있어야 하지 않을까요? [25]

물질적 풍요만이 복이 아니다

일단 복을 포괄적으로 이해하는 게 중요하다. 복이란 포괄적인 평안
함, 샬롬의 상태라고 할 수 있다. 문제는 복을 너무 물질적으로 생각한다
는 점이다. 그렇다 보니 신앙이 자꾸 미신화된다. 복을 지나치게 물질적
으로 이해하게 되면 우리는 아주 비인간화되며, 그것은 결국 복이 아니
라 저주가 된다. 복을 너무 물질적으로 생각하고 육신적 쾌락을 얻는 것

---

25 월간 〈목회와 신학〉 통권140호(2001년 2월 1일) 한국 교회 갱신을 위한 권두대담 "믿음의 고난은 그리
스도인의 표지입니다"(47-51면).

으로 생각하면, 그것을 추구하다가 도리어 죄를 짓고, 즉 이웃과 갈등을 빚기도 하고 방탕한 삶을 살기도 하여, 고난을 당하고 만다. 그렇다고 복을 이른바 '영적으로'만 생각해서도 곤란하다. 왜냐하면 물질적인 빈곤도, 육신적 병고도 엄연한 고난이니까. 복을 물질적인 부와는 아무 관계가 없는 것이라고 극단적으로 생각하면 안 된다.

따라서 복에는 물질적인 가난이나 병고가 없는 상태도 포함되고, 하나님과 이웃과 원만한 관계에 서 있는 상태, 자유와 화평을 누리는 상태가 모두 복이다. 복은 그러니까 궁극적으로는 하나님 나라의 구원을 지칭하는 것이다. 하나님의 백성이 받는 복은 종말에 완성될 복이다. 그렇기에 예수께서는 산상수훈의 이른바 '팔복'에서 자신의 하나님 나라 복음을 받아들여 하나님 나라의 백성이 된 제자들에게, 종말에 완성될 하나님 나라의 구원을 받을 사람이 되었으니 '복받은 자들'이라 축하하여 준 것이다.

우리는 지금 믿음으로 하나님 나라에 들어가(즉 하나님의 통치를 받음으로써) 그 궁극적인 복의 첫 열매를 누리고 있다. 우리가 이중사랑계명으로 오는 하나님의 통치에 순종할 때 의가 확대되어 그 복이 확대된다. 그런데 아직도 사단의 통치가 이루어지는 이 세상에 사는 동안은 역설적으로 하나님의 통치를 받는 사람이 오히려 손해를 볼 때가 있다. 앞에서 우리는 그리스도인들도 피할 수 없는 그런 고난들의 의미를 생각해 보았다. 우리 성도들은 종말의 궁극적인 '복', 곧 구원에 대한 믿음과 소망 가운데, 고난이 우리의 성화를 돕기도 하고 때로는 하나님에 의해 세상에 유익을 가져오는 수단으로 쓰임 받기도 하는 것을 보면서 인내하여야 한다.

'저주'는 한마디로 죄에 대한 하나님의 징벌이다. 죄는 필연적으로 저주를 불러온다고 할 수 있다. 그것이 하나님의 저주다. 그런데 하나님의 저주는 죄지은 사람에게 직접 임하기도 하지만, 죄지은 사람을 통해 인류 전체가 징벌을 받기도 한다는 점을 동시에 고려해야 한다. 한 사람의 의를 통해 많은 사람이 복을 누리는 것과 마찬가지다. 인류가 연대하여 살기 때문이다. 그러나 저주가 대(代)를 이어 임한다는 생각, 즉 '가계 저주론'은 성경의 가르침에서 어긋나는 이단적인 사상임을 이미 앞에서 살펴보았다.

저주란 하나님의 구원으로부터 제외되는 것

갈라디아서에서 바울은 천사라도 다른 복음을 전하면 저주를 받는다고 하면서 저주라는 단어를 사용한다. 어떤 면에서 고난은 현실에서 종종 저주와 비슷한 모습을 띠기도 하고, 그래서 그리스도인으로서 고난받음을 저주받음으로 오해하기도 하는데, 갈라디아서 문맥이 말하는 저주란 하나님의 구원으로부터 제외되는 것을 의미한다. 이 하나님의 구원으로부터 제외된다는 것은 멸망에 이르는 것이고 죽음에 처하는 것이다.

우리가 당하는 모든 고난을 '저주', 즉 하나님의 징벌이라고 표현하는 것은 옳지 않다. 물론 창조주 하나님이 죄인은 벌을 받도록 세상의 질서를 만들어 놓으셨으니, 죄가 가져오는 모든 고난들을 궁극적으로는 하나님의 '저주'와 관계하여 생각할 수 있을지도 모른다. 그러나 우리의 구체적인 고난들을 하나님의 '저주'의 결과라고 말하는 것은 사단과 인간의 책임은 외면하고 인간을 사랑하고 구원하기를 원하시는 하나님의 본질을 왜곡하는 것이어서 옳지 않다. 우리는 앞에서 고난은 인간이 사단의 죄와 죽음의 통치에 순종하여 죄를 지음으로써 오는 것임을 살펴보았다. 사단의 사주를 받아 인간들이 서로 죄를 지어 서로에게 고난을 가져오는 것이다.

원래 구약에서 '저주'란 하나님께 바쳐진 제물이 제사 이후에 마지막으로 폐기처분되는 것을 의미한다. 하나님께 드려진 것이 속된 세상에서 사용되면 안 되니까 폐기처분되도록 규정되었다. 여기서 이 폐기처분된다는 개념이 강화되어 나중에 '저주'라는 단어인 아나데마(anathema)가 된 것이다.

갈라디아서 1장 9절에 다른 복음과 관련해 사용된 저주라는 단어와 고린도전서 16장 22절에 주를 사랑하지 않는 것과 관련해 사용된 저주가 아나데마인데, 이것은 하나님의 구원에서 제외된다 혹은 폐기처분된다는 의미다. 갈라디아서에서 바울은 율법으로 구원을 받을 수 없는데도 불구하고 율법의 행위로 구원을 받으려 하면 그렇게 주장하는 사람은 진정으로 우리에게 구원을 주시는 하나님의 은혜를 저버리는 것이어서 하나님의 구원에서 제외된다고 말한다.

고린도전서 16장 22절에서는 우리가 믿음으로 사단의 나라에서 하나님 나라로 옮겨진 사람들로서 하나님의 통치에 계속 순종하며 삶으로써 종말에 완성될 하나님 나라의 구원을 받게 되는데, 하나님의 통치를 현재 대행하는 하나님의 아들 '주' 예수 그리스도를 사랑하지 않으면, 즉 의지하고 순종하지 않으면(즉 그가 대행하는 하나님의 통치를 받지 않으면), 종말의 구원에서 제외된다고 말한다. 그러니까 이 저주는 종말론적인 개념이다. 종말에 구원에서 제외된다는 말이다. 우리가 흔히 말하는 불행을 의미하는 말이 아닌 것이다.

고난은 옛사람이 죽어 가고 새사람이 되어 가는 과정

바울은 자기가 받는 사도로서의 고난을 신학적으로 굉장히 깊이 해석한다. 이미 말한 것처럼 바울은 그리스도인의 고난이란 구원의 종말론적 유보 상황에서 겪는 하나의 성화 과정으로, 옛사람이 죽어 가고 새사람으로 날로 새로워져 감으로써 그리스도의 형상이 우리 속에서 이루어져 가는 과정으로 설명했다. 바울은 여기서 한 걸음 더 나아가 사도로서의 자기 고난을 아주 깊게 이야기한다.

우선 두 가지가 떠오르는데, 첫째, 고린도전서 4장 9절과 고린도후서 2장 14-16절에서 바울은 그리스도의 승리의 개선 행진 대열에 사도된 자신이 말미에 세워져 있다고 묘사한다. 바울 당시 로마의 개선장군은 포로들을 잡아 그들을 말미에 세워 개선 행진을 했다. 그리고 이 포로들은 개선 행진이 끝난 뒤 다 죽임을 당했다. 때문에 승리의 개선 행진 대열 끝에 세워져 있는 정복된 포로들은 승리한 장군의 승리를 확증해 주는 증표인 셈이고 승리한 장군의 영광을 드러내 주는 영광의 증거가 된다. 그런데 바울은 자신의 사도적 고난을 바로 이 그림에 비유하여 설명한다. 이는 엄청나게 충격적인 사실이다. 바울은 그리스도의 승리 행렬의 끝에 끌려가는 포로처럼 개선 행진 뒤에 죽음에 이르는 포로로 자기를 묘사하는 것이다. 즉 마치 개선 행렬의 말미에 끌려가는 노예들이 승리한 장군의 영광을 드러내듯이 자신의 사도적 고난이 주의 영광, 주 예수 그리스도의 개선의 영광을 나타내는 것으로 생각한 것이다. 그러므로 사도적 고난은 필연적인 고난으로서, 구약의 선지자들이 고난을 당한다는 일반적인 배경을 넘어서서, 좀 더 구체적으로 자신의 고난의 삶이 그리스도의 영광을 선포하는 삶임을 드러내는 것이다. 때문에 바울은 주 예수 그리스도의 영광을 나타내는 데 자기의 모든 존재 의의가 있고, 고난의 의미가 있다고 생각한 것이다.

둘째, 고린도후서 10-13장에서 바울은 고난을 또 다른 각도로 해석한다. 여기서의 논점은 참 사도의 표징이 무엇이냐는 것이다. 고린도교회에 침투한 거짓 사도들, 바울이 냉소적으로 '위대한 사도들'이라고 부르던 그들은 아마도 몇 가지 사도로서의 자격 요건들을 내세운 것 같다. 그들은 첫째로 족보를 내세운다. 유대인이냐, 이스라엘인이냐, 특히 팔레스타인 출신이냐를 따지는 것이다. 둘째로 3장에 보면 예루살렘교회의 추천장을 내세우고, 그다음으로 영적인 능력이나 환상을 보고 이적을 행하는 등의 능력을 내세운다. 그 능력 중 하나가 구변, 즉 말을 잘하는 것이다. 특히 당시 헬라가 자랑하던 지혜와 수사를 잘하는 것을 일컫는다.

그러자 바울은 자기도 그들이 내세우는 기준들에 비추어 부족하지 않다고 하면서, 족보로 따져도 자기는 아브라함의 자손이고 '히브리인'(아람어를 모어로 쓰는 유대인) 부모 사이에서 난 히브리인이며 과거의 유대교 정통에서 나온 바리새인으로서의 지위를 가졌다고 이야기한다. 또 추천장은 없지만, 바울은 자기가 그리스도의 복음을 선포하여 세운 교회, 고린도교회가 자신의 사도직에 대한 추천장이라고 말한다. 그리고 영적인 능력에 대해서는 자기도 환상도 보고, 심지어 삼층천을 다녀오기도 했으며, 사도의 표징들과 기사들을 다 행했다고 한다. 그럼에도 바울은 그런 것들을 사도의 진정한 표징들로 보지 않는다고 말한다.

진정한 사도직의 표징은 그리스도를 위해 받는 고난이다

이 점이 중요하다. 바울이 주장하는 진정한 사도직의 표징은 그리스도를 위해 받는 고난이다(고후 4장). 여기서 그는 고난의 신학을 말한다. 왜 그런가? 사도란 말은 그리스도의 전권대사라는 뜻이다. 그래서 사도는 그리스도로부터 파송받아 그리스도의 권세를 가지고 그리스도를 그대로 드러내는 사람이다. 유대적 관념에 의하면 '보냄을 받은 자는 보낸 자와 똑같다', 즉 사자는 '주인의 전권대사'라는 말이다. 그런데 바울을 보낸 주 예수 그리스도는 우리를 위해 십자가에서 자기를 내어 주시고 고난받고 그 고난 가운데서 부활하신 분이다. 그러니 바울은 그 예수 그리스도를 선포함에 있어 그의 십자가의 죽음과 부활을 말로만 표현하는 것이 아니라 자기의 몸으로 그대로 그려 내려고 한다.

바울은 자기의 사도직을 두 부분으로 본 것이다. 하나는 말로 십자가에 달린 그리스도를 그려 내는 것, 곧 복음 선포인 설교와 가르침이다. 갈라디아서 3장 1절에서 바울은 자신이 갈라디아인들에게 그리스도가 십자가에 달린 것을 '그려 냈다'고 말한다. 그러니까 복음이란 그리스도가 우리를 위해 죽고 부활하여 우리의 구원을 이루었다는 것인데, 그것을 말로 그려 내는 것이 설교다. 그뿐만 아니라 사도는 그 고난을 몸으로도 그려 내야 한다. 이것이 두 번째 사도적 고난이다.

바울은 십자가에 달리신 그리스도의 고난을 자기의 사도적 고난을 통해 그려 내는 것으로 보았다. 그 사도적 고난의 섬김을 통해 그리스도의 십자가에 달린 모습이 그려지는데, 그것을 본 사람들은 그리스도의 고난의 의미를 믿게 된다. 그리하여 그 사람들이 구원, 즉 죽음을 극복한 (부활의) 생명을 얻게 된다. 이게 바로 부활하신 그리스도를 그려 낸다는 뜻이다.

그래서 바울은 자기의 고난을 통해 너희들이 생명을 얻는다고 말하는데, 바로 이것이 바울의 복음 선포의 말과 고난의 사도직 수행으로 십자가에서 죽고 부활하신 그리스도를 그려 냄으로써 이루어지는 것이다. 사도적 고난으로 그리스도의 십자가의 죽으심이 그려질 때 자기가 섬기는 양 떼들에게 그리스도의 부활의 삶이 그려지게 된다는 것이다. 그래서 바울은 자신의 몸에 그리스도의 죽임 당하심을 짊어진다고 말하고(고후 4:10), 더욱 기꺼이 성도들을 위해 고난을 받는다고 한 것이다.

이것은 방금 말한 개선 행렬의 말미에 서 있는 포로의 그림과도 연결된다(고전 4:9; 고후 2:14-16). 개선 행렬의 말미에 선 포로에게 그 행진은 죽음의 길이다. 그런데 죽음의 길을 가는 그 포로가 승리한 장수의 영광을 확증하듯 사도적 고난의 삶을 통해 부활하신 그리스도의 영광이 회중에게 드러난다. 그리스도의 생명의 향기가 사람들에게 퍼진다. 그러니 자신의 고난이 자신이 그리스도를 계시하고 그의 구원을 전달하도록 부름 받은 사도임을 증명하는 것이라는 말이다. 그러므로 그의 고난이 자신의 사도됨의 진짜 표징이라고 한다. 바울은 자기의 사도직을 이렇게 심오하게 표현했다.

진정한 사도직의 표징은 그리스도를 위해 고난을 받는 것이다. 사도는 그리스도를 말과 삶으로 그려 내는 계시자인데, 이 삶으로의 그려 냄이 고난이다. 그러므로 복음 선포자에게 고난이 없다는 것은 맞지 않는 말이다. 고난의 삶으로 그리스도를 그려 냄이 없이 말로만 하는 복음 선포에는 힘이 나타나지 않는다.

오늘날의 목회자들은 사도적 고난을 어떻게 적용해야 할까

오늘날의 목회자가 물론 사도는 아니지만, 즉 사도의 구원사적인 독특한 위치와 권위를 이어받지는 않았지만, 복음 선포를 주 임무로 하는 자로서 사도의 복음 선포 기능을 계승한 사람들이다. 모든 복음 선포자는 사도의 복음 선포의 기능을 계승하고 있다. 따라서 모든 복음 선포자는 십자가에 달린 예수 그리스도를 말과 삶으로써 그려 내야 한다. 그러니까 복음 선포자로서 고난을 짊어져야 한다는 원리는 사역자뿐만 아니라 확대하면 전도하는 모든 그리스도인에게도 적용된다.

이것이 모든 목사들이나 전도자들이 예수 그리스도나 사도 바울 같은 엄청난 고난을 받아야 한다는 말은 아니다. 극단적인 경우(예: 순교자)는 그러할 수도 있겠으나, 대개의 경우 오늘의 복음 선포자들이 당하는 고난은 복음이 내포하는 하나님 나라의 법 또는 '그리스도의 법'(고전 9:21),

즉 이중사랑계명을 지키려다 보는 손해이고 아픔이다. 그들이 주 예수 그리스도의 죽음과 부활의 복음을 선포하고 그 복음이 요구하는 하나님 의 백성으로서의 삶, 즉 이중사랑계명을 지키는 의인으로서의 삶을 가르 치면서, 자신이 손해보고 아픔 당하며 그 계명을 지키는 모습을 보이지 않으면, 그의 복음 선포는 위선에 불과하여 효력을 발휘하지 못하는 것 이다. 이것이 오늘날 복음을 선포하는 우리 모두가 가지고 있는 근본 문 제가 아닌가? 그러니 사도 바울의 고난의 사도직은 모든 복음 선포자들 에게 크나큰 도전을 주고 있다.

– 바울은 하나님이 위에서 부르신 부름의 상을 향해 좇아간다(빌 3:14)면서 좇아감의 이미지를 반복하고 있는데요, 어떤 의미인가요?

빌립보서 3장 12-16절의 그림은 로마시대 경기장의 시상대 장면을 배경으로 한다. 왕이 승리자에게 상을 주기 위해 그의 이름을 부르며 시 상대로 올라오라는 것인데, 바울은 이처럼 고난의 사도로서 삶의 끝, 곧 최후 심판 때에 '다소 출신 ○○○의 아들 승리자 바울 이리로 올라와 상 을 받으라'는 부름을 상상하고 있는 것이다. 소명의 길을 완주한, 믿음의 경주를 다한 사람에게 '너는 이리로 올라와 상을 받으라'는 시상대에서 울려 퍼지는 '부름의 상'을 향하여 좇아간다는 것이다.

여기서 중요한 것은 그 '상'은 구원을 말하지 구원에 더하여 받는 어 떤 '부상'(副賞)이 아니다. 신실한 그리스도의 종들이 종말에 받을 '면류 관'은 구원 자체이지 그것에 더하는 어떤 것이 아니다. 한국에서 만연된 상급 신학이 복음을 많이 왜곡하고 있다. 그러나 생각해 보라. '구원'이란 하나님의 무한에 참여하여 온전케 됨, 즉 하나님같이 됨('하나님의 영광을 얻다', '하나님의 형상과 같은 형상이 되다' 등의 언어로 표현됨)인데 '구원'에 무엇이 덧붙여질 수 있겠는가? 바울이 '부름의 상'을 향하여 좇아갈 수밖에 없는 이유를 바울은 자기가 사도직에로 징집당했기 때문이라고 한다. '붙잡힌 바 되었다'는 것은 자기가 다메섹 도상에서 사도직을 위해 강제로 체포되어 징집되었다는 뜻이다. 때문에 이 사도직을 중도에 그만두지 못한다. 바울은 자신이 그것을 포기하고 복음 선포를 하지 않으면 그는 하나님의 '화'를 당해 멸망받으리라고 생각했다(고전 9:16).

이 원리는 모든 복음 선포자에게도 동일하게 적용된다. 우리가 '소명'을 받았다는 말이 무엇인가? 징집을 당했다는 뜻이다. 내가 못하겠다고 포기할 수 없다. 그 '부름의 상'을 향해 좇아갈 수밖에 없다. 그 끝에 무엇이 있다고? 최후의 심판 때 '어디 출신 아무개의 아들 누구는 올라와 상(구원)을 받으라'는 주 예수 그리스도의 부름이 있다.

— 갈라디아서에서 바울은 해산의 수고에 대해 언급하는데요, 목회자로서 성도를 목양하는 일에 대한 고난을 표현하는 것 아닐까요?

그것도 사도직의 고난이다. 성도들이 올바른 복음에서 떠나지 않도록 거짓 사도들과 싸우는 것 자체가 엄청난 고난이다. 바른 복음을 믿고 복음에 합당한 삶을 사는 건강한 교회를 세우는 일은 건강한 아이를 낳는 '해산의 수고'를 하는 것이다. 복음 선포자로서의 고난이다.

– 끝으로 하나님을 사랑하는 자, 곧 그 뜻대로 부르심을 입은 자들에게는 모든 것이 합력하여 선을 이룬다는 말씀(롬 8:28)을 성화의 과정과 연결하여 어떻게 이해할 수 있는지 말씀해 주시죠.

'모든 것이 합력하여 선을 이룬다'는 말에서, '모든 것'에는 종말의 구원까지 포함된다. 종말론적인 유보 상황에서 우리의 짧은 인생은 하나님을 사랑하는 그 '의'에 상응하는 충분한 보답을 받지 못하고서도 끝날 수 있다. 그러나 결국 총체적으로 종말의 구원까지를 포함해서는 '선'을 이룬다.

또 본문은 개인적으로만이 아니라 공동체적으로 이해해야 한다. 우리가 하나님을 사랑하는 삶을 살면 우리가 결국 고난을 가져오게 되어 있는 죄짓기의 유혹을 피하여 '선'을 이루는 것을 체험할 때도 있지만, 때로는 우리 개인적으로는 손해를 보는 일이 생길 때도 있고, 앞서 본 대로 우리가 인간의 연대성 속에서 살면서 이해할 수 없는 고난을 당할 때도 있다. 그러므로 본문을 개인적으로만 이해하려 해서는 안 된다. 그러나 우리가 하나님을 사랑하는 의의 삶을 살면 공동체적으로 '선'이 이루어지는 것을 체험하게 되는 경우가 많다.

우리는 이 본문을 항상 우리 개인이 지금 당대에 하나님으로부터 물질적인 보상을 받고 싶은 마음으로 이해하려 하기 때문에 매우 비현실적인 것으로 느껴지는 것이다. 하지만 이런 말을 하는 바울 자신을 한번 생각해 보라. 그는 하나님을 죽기까지 사랑하였지만 무슨 물질적인 의미로 보상을 받았는가? 그는 앞서 본 대로 '부름의 상'을 바라본다고 하지 않았는가? 또 자기의 고난을 통해 자기의 성도들에게 '선'이 이루어지고,

교회가 바로 서는 '선'을 바라지 않았는가?

하나님은 예수 그리스도의 제자로서 우리의 모든 삶과 행위를 통해 '선'을 이루신다. 우리의 희생과 고난을 통해 하나님은 우리의 공동체 전체를 향한 더 큰 '선'을 이루시기도 하고, 그것이 결국 우리에게도 득이 되게 하신다.

한국 교회의 새로운 개혁을 위하여
(종교개혁 491주년 기념일을 지나면서) [26]

　　종교개혁 491주년 기념 주간이다. 한국과 이곳 미주 한인 사회의 많은 개신교 교회들의 강단들에서 목사들은 금년에도 어김없이 중세 가톨릭교회의 신학적, 영적, 윤리적, 그리고 정치적 부패를 규탄하며 16세기 종교개혁의 정당성과 의의를 소리 높여 설파할 것이다. 그리하여 그들은 성도들에게 개신교의 신학과 영성, 그리고 윤리와 정치의 우월성을 재확인해 주고, 그들 중 일부는 오늘의 로마 가톨릭교회도 부패했던 중세 가톨릭교회의 연장선상에서 이해하도록 암시하기도 할 것이다. 그러나 그러한 한국의 개신교 목사들 중 상당수가 간과하고 있는 사실이 있다. 오늘날 한국의 개신교가 중세 가톨릭교회의 부패상으로 회귀하고 있다는 점이다. 이것은 오늘날 한국의 개신교 상황을 16세기 종교개혁자들이 외치고 전개한 몇 가지 대표적 구호들과 활동에 비추어 살펴보면 금방 알 수 있다.

26　월간 〈기독교 사상〉 통권600호(2008년 12월) "종교개혁 491주년 기념일을 지나면서-한국 교회의 새로운 개혁을 위하여"(48-55면).

1. 오직 성경

종교개혁자들은 신학과 교리를 스콜라 철학과 교회 전통으로부터 해방하여 오로지 성경의 가르침 위에 새롭게 세우려 하였다. 그러나 개신교도 얼마 지나지 않아 다시 스콜라 신학 방법으로 회귀하였고, 그 전통을 이어받은 개신교 근본주의자들은 성경을 보다 바르고 깊이 연구하는 데 도움이 될 만한 역사비평을 비롯한 여러 비평 방법들을 적절히 활용하기를 거부함으로써 성경을 자기 교단의 전통에 종속시키는 우를 범하게 되었다.

그리하여 이러한 근본주의로부터 탈피하지 못하고 있는 다수 한국 교회는 형식적으로는 성경의 권위와 진리를 최고로 존중한다 하고 모든 사고와 행동을 성경의 가르침에 따라 해야 한다면서 '성경주의'(Biblicism)의 태도를 보이는 반면, 실제로는 성경을 자신들의 교리나 전통에 맞게만 해석해야 한다 하고, 성경의 본문들을 자신들이 선호하는 사상, 가치, 행동양식 등을 뒷받침하는 증거 본문들로만 사용하려는 경향을 보이고 있다. 그리하여 오늘 일부 한국 교회에서는 중세 가톨릭교회에서와 같이 우리의 생각과 삶을 변화시키는 성경의 힘이 크게 약화되었다.

성경에 대한 이러한 태도는 많은 성도들로 하여금 성경을 문자주의와 율법주의적으로 해석하고 적용하게 하여, 깊은 신학적 이해, 올바른 영성, 그리고 성화의 삶을 추구하도록 돕지 못하고 있다. 도리어 이렇게 문자주의와 율법주의적으로 사고하도록 성도들을 훈련하여 이곳저곳의 성경 구절들을 들이대며 접근하는 온갖 이단자들에 의해 쉽게 미혹되게 만들고 있다. 이렇듯 오늘날 한국의 개신교 교회들은 이단자들에게 가장 좋은 온상을 제공함으로써 너무나 많은 성도들이 그들에 의해 희생되고 있다.

2. 오직 그리스도

종교개혁자들은 설교와 신앙이 그리스도, 곧 그의 죽음과 부활을 통하여 이루어진 하나님의 구원의 사건에 집중되어야 함을 강조했다. 그러나 오늘날 많은 한국의 개신교 강단들에서는 우리를 위해 죽으시고 부활하신 그리스도의 복음이 아니라 맘몬(재물)의 '복음'이 선포되고 있다. 예수께서는 "너희가 하나님과 재물을 겸하여 섬기지 못하느니라"(마 6:24)고 가르치시며, 맘몬 우상숭배를 가장 엄히 경계하셨거늘, 많은 한국의 개신교 목사들은 샤머니즘적 '축복'론을 '복음'으로 선포하고 있다. 설교는 예수 믿고 복받기, 헌금, 전도는 물론 교회를 더 많이 섬겨서 더 많이 복받기와 같이 이른바 '교회 성장'의 긴요한 도구로 전락한 지 오래다.

이 현상은 미주의 이민 교회들에서 더욱 두드러진다. 많은 강단들에서 '건강과 부의 복음'이 그리스도의 십자가 복음을 대체해 버린 지 오래인 것이다. 중세 교회에서 유럽의 여러 민족들의 전래적 이교도 전통들에 의해 기독교 신앙이 왜곡되었듯이, 오늘 한국의 교회도 우리 민족의 무속신앙에 의해 기독교 신앙이 심각히 왜곡되어 있다.

3. 오직 은혜, 그리고 오직 믿음

우리가 우리의 종교적 또는 도덕적 공로에 의해서가 아니라 그리스도 안에 나타난 하나님의 구원의 은혜에 의해서만, 그리고 그것을 믿음으로써만 구원을 얻는다는 성경의 가르침을 깨달은 것이 16세기 종교개혁의 시발점이었다는 것은 너무나 유명한 사실이다. 개신교 목사들은 이 사실을 되풀이하여 가르치기를 좋아한다. 그러나 이 복음의 진리를 형식적으로만 되뇌고 그 진정한 뜻을 포괄적으로 가르치지 않는 탓에 한국의 많은 개신교도들 사이에서 은혜로만/믿음으로만의 '칭의'는 '의의 열매'를 수반하지 않고 있으며 그럼으로써 그리스도의 은혜는 그저 '싸구려 은혜'가 되어 버렸다.

그런데 오늘 한국 개신교에서 하나님의 은혜의 복음에 대한 변질은 아예 중세 가톨릭교회의 공로신학으로 회귀하는 것으로 나타나기도 한다. 한국의 개신 교회 강단들에서 공로신학이 너무나 강조되어, 일반 성도들의 영성에서 공로신학이 은혜의 신학을 삼켜 버린 것이다. 많은 목사들이 구원은 믿음으로 받지만, 공로를 많이 쌓아야 하늘나라에서 큰 상급을 받는다는 식으로 이 둘을 조합하여 가르치고 있다. 이렇게 신학적으로 유치한 조합을 통하여 하나님 사랑과 이웃 사랑의 삶을 증진하면 나름대로 실용적 가치라도 있겠다 하겠으나, 대부분의 경우 헌금, 전도, 선교 등 교회 봉사를 주로 증진하여 '교회 성장'을 도모하려 하니, 이런 신학과 행태로 인한 영성과 윤리의 부패가 날로 심각해지고 있다.

많은 목사들은 종교개혁 주간이 되면 교황 레오 10세가 로마에 베드로대성당을 짓기 위해 어떻게 면죄부를 판매하기까지 하였는가를 얘기하며 종교개혁 당시의 가톨릭교회의 부패상을 성토한다. 그러나 오늘 한국의 많은 개신교 교회들도 사기꾼, 악덕 사업가, 부패 관리더라도 교회에 헌금을 많이 낼 수 있는 사람이라면 장로로 세워 주기도 하고, 그들의 사업체에 가서 축복해 주기도 하지 않는가? 특히 '대형교회병'이 깊이 든 한국 개신교 교회들이 대규모 교회 건축을 위한 헌금을 모금하기 위해서는 '유명한' 부흥사를 초청하여 많은 헌금으로 교회 건축에 공로를 세우면 하나님께서 몇 십 배, 몇 백 배로 갚아 주신다는 식으로 설교하게 하는데, 이것이 레오 10세가 베드로대성당 건축을 위하여 사제들을 풀어 면죄부를 팔게 한 것과 무엇이 다른가?

4. 만인사제론

종교개혁자들이 모든 성도는 이웃에게 하나님의 은혜의 전달자 노릇을 하도록 부름 받았다는 바울의 가르침을 재발견하여 '만인사제론'을 전개함으로써, 중세 가톨릭교회의 사제주의의 폐해를 극복하려 한 것도 잘 알려진 사실이다. 그런 종교개혁자들의 신학적 후예를 자처하는 한국의 개신교 목사들 중 상당수가 어느덧 가톨릭교회의 사제주의로 환원한 것이 현실이다. 그들은 개신교의 예배가 그리스도를 하나님께 제사한다는 가톨릭의 '미사'와는 본질적으로 다르다는 것을 알면서도, 교회의 직책들에 대해서는 신약의 가르침이 아니라 구약의 제사장직에서 자신의 목사직에 대한 이해를 도출한다. 그리하여 자신들을 하나님과 평신도들 사이에 서 있는 사제적 중보자들로 내세우며, 축복권과 저주권을 주장하고, 권위주의적으로 행세한다. 심지어 목사의 설교는 그 내용이 어떤 것이든지 불문하고 성도는 그것을 하나님의 말씀 자체로 받아야 한다고 주장하는 목사들도 간혹 있다.

이는 거짓 선지자들의 메시지를 철저히 분별해야 한다는 성경의 강조 (신 18:20-22; 고전 14:29; 요일 4:1 등)를 무색하게 하는 것이면서 후대에 정립된 가톨릭교회의 교황 무오설을 연상케 한다. 이러한 사제주의적 권위주의를 앞세워 어떤 목사들은 까탈스런 장로들을 제압하고, 목사 잘 섬기면 복받고, 목사를 거스르면 3대, 4대까지 저주받는다고 위협하기도 한다. 그렇다 보니 어떤 교회들에서는 목사와 장로들의 관계가 구조적으로 갈등의 관계가 되어 목사가 어려움을 당하기도 하고, 이를 미연에 방지하기 위해 어떤 목사들은 아예 당회를 없애 버리고 전횡을 하기도 한다. 그래서 가톨릭교회에는 교황이 한 명이지만, 개신교에는 교회마다 교황이 한 명씩 있다는 우스갯소리가 나오는 것이다.

권위주의적 지도자들은 떠받들고 겸손히 섬기려는 지도자들은 얕잡아보는 우리 민족의 심성이 목사들로 하여금 예수와 바울의 섬김보다는 권위주의적인 리더십을 취하도록 북돋우는 측면이 있다. 요즘은 심지어 일부 젊은 목사들까지도 성도들의 이러한 병적인 심성(이를 노예 근성이라 하면 너무 심한 표현인가?)을 복음으로 치유하려 하기보다는 오히려 이를 이용하여 물량주의적 '교회 성장'에 도모하려는 것을 본다. 아마 사제주의적 권위주의의 타락의 극치는 일부 대형 교회들에서 제왕적 목회를 즐긴 목사들이 자신의 자리를 자식에게 세습하는 행태일 것이다. 이것도 중세 가톨릭교회의 타락상을 많이 연상시키는 모습이다.

5. 미신적 영성 척결

중세 가톨릭교회는 평신도들을 대체로 무지의 상태에 머물게 하고 악령들에 대한 두려움을 중심으로 한 미신적 신앙에 방치하였다. 종교개혁자들이 평신도들의 성경공부를 권장하고 학교들을 세워 그들의 지적 수준을 높이려 노력한 덕분에 오늘까지도 유럽의 개신교 국가들은 대체로 가톨릭 국가들보다 높은 교육 수준을 가지고 있다. 한국의 개신교는 우리 민족의 교육을 장려하고, 부활하시어 사단을 이기신 주 예수 그리스도와 우리 안에 내주하시는 그의 영(성령)의 역사에 대한 복음을 선포하여 그리스도인들을 우리 조상들을 옥죄었던 '부뚜막 귀신', '장독 귀신', '측간 귀신' 등에 대한 공포로부터 해방시켰다.

그러나 근래 교회 내에 무당종교의 귀신론이 '영적 전쟁', '내적 치유', '가계 저주' 등의 이름으로 들어와 한국의 그리스도인들을 다시 귀신 공포증으로 몰아넣고 미신적 신앙을 앙양하고 있다. 가령 우리 선조들이 정월 대보름 때 하던 '땅 밟기'가 선교의 이름으로 교회 내에서 부활하는 식이다. 중세 십자군 전쟁 때 수만 명의 십자군이 여러 차례 십자가의 군기를 앞세우고 근동을 '땅 밟기' 하지 않았던가? 그 결과는 그 땅에서 귀신들을 몰아내고 그 땅의 거민들을 그리스도인들로 만들었는가? 도리어 기독교 국가였던 비잔틴 제국의 몰락을 가져오고, 중동 전체를 무슬림화하였으며, 오늘까지도 무슬림들로 하여금 기독교에 대해서 극단의 반감을 갖게 하여 그 땅에 대한 기독교 선교를 막는 결과를 초래하지 않았는가? 그런데도 오늘도 중동과 중앙아시아의 무슬림 지역들에 가서 '땅 밟기' 선교한다고 교회의 고귀한 인적 물적 자원을 낭비하고 심지어 성도들을 생명의 위기에까지 내모는 일들이 벌어지고 있다. 그런 목사들과 '선교 지도자들'의 신학적 무지와 미신적 영성은 중세 교회에서나 볼 수 있었던 것이 아닌가?

많은 목사들이 사제주의적 권위주의로 쉽게 목회하기 위해서 성도들을 성경과 신학에 있어 우중(愚衆)의 상태에 묶어 두고, 신앙을 신비한 것으로만 가르쳐 이성의 건전한 비판 기능을 마비시키면서, 마술적 성령론을 가르쳐 이른바 '교회 성장'을 도모하고 있으니, 많은 성도들의 영성이 미신적이지 않을 수가 없는 것이다. 그런 성도들에게서 '성령의 열매' (갈 5:22-23) 또는 '의의 열매'(빌 1:11)를 맺는 진정한 기독교적 영성을 기대하기는 어려울 것이다.

6. 교권과 세속적 권력 지향 척결

중세 가톨릭교회가 교황을 정점으로 한 사제주의적 계급 구조를 만들어 교회 내에서는 권력지향적인 성향을 조장하고, 세상에서는 중세 봉건 사회 전체 위에 군림하는 세속적 권세까지도 탐냄으로써 얼마나 부패하였던가는 잘 알려진 사실이다. 오늘 한국의 개신교 교단들이나 기독교 기관들 내에서 여러 목사들이 벌이는 교권 다툼과 그들의 정치적, 재정적 부패는 중세교회의 그것들과 본질적으로 무슨 차이가 있는가? 일부 목사들의 권력에 대한 비그리스도인적 탐욕은 오늘날 한국의 '대형교회병'으로도 나타난다. 교회의 물량적 성장을 도모하여 큰 권세, 호화로운 대접, 세상적 영광을 얻고자 많은 목사들이 신자유주의적 철학과 윤리를 목회 원칙들로 삼아 동료 목사들에 대항하여 서로 양을 빼앗는 식의 약육강식 경쟁을 벌이고 있다. 이리하여 소수의 대형교회들은 엄청나게 비대해지는 한편, 더러 날로 부패해 가고 있다. 반면에 수많은 개척교회와 소규모 교회들은 각고의 노력 끝에 모은 몇 명의 양들마저도 대형교회에 빼앗기고 있다. 그리고 그 중간의 교회들 중 여럿은 작은 교회들의 운명을 피하고 스스로 대형교회가 되고자 부교역자들과 성도들을 엄청나게 닦달하고 있다. 그렇다면 오늘날 한국의 개신교가 과연 많은 수도원들마저도 세상적으로 부패했던 중세 가톨릭교회와 본질적으로 다르다고 할 수 있겠는가?

그런데 한국의 개신교는 그동안 이룩한 수적 성장에 자만하여 이제는 세속적 권력까지 탐내고 있다. 그래서 지난 17대 대통령 선거에서 많은 개신교 지도자들이 한 장로 후보를 대통령으로 만들기 위해 많은 비기독교인들의 반발을 살 정도로 노골적으로 온 교회를 동원하려 하였다. 그들은 그가 과연 복음에 합당한 삶을 살려고 노력하는 사람이며 그러한 정치를 펼 수 있는 지도자(빌 1:27)인가는 묻지 않고, 그가 다만 장로라는 이유로 그를 대통령으로 만들어 그를 통해 개신교의 정치적 영향력을 확대하려 하였으며, 그들 중 일부는 자신들의 개인적 영달까지도 얻으려 아부성 발언을 서슴지 않았다.

개신교 지도자들 중 하나님 나라의 백성 된 그리스도인들이 사랑의 이중계명으로 오는 하나님의 통치를 실제로 받고 삶으로써 세상에 소금과 빛 노릇을 제대로 하여 한국 사회를 의롭고, 화평하고, 건강하게 만들기를, 그리하여 불신자들이 그들의 "너희 착한 행실을 보고 하나님께 영광 돌리도록 하라"(마 5:13-16)는 주 예수 그리스도의 뜻을 받들기를 그들의 목회와 선교 정책의 머리에 두는 사람이 얼마나 될까?

그 대신 기독교인임을 내세우는 대통령, 의원들, 시장들을 뽑고 그런 장관과 고관들을 많이 세워 그들로 하여금 유치한 기독교 편향 발언이나 정책이나 하게 하고, 무슨 '대회'니 '기도회'니 하는 이름으로 대규모 세력 시위나 일삼으며, 천박한 신학과 역사 인식에 근거하여 치졸한 정치적 발언을 연발하는 등 진정한 기독교 정신에 어긋나는 기독교 패거리 정신을 보이는 데 열을 올리는 '지도자들'이 더 많지 않은가? 그러니 다른 종교 신봉자들이 반발하여 그렇지 않아도 갈등이 많은 한국 사회에서 화해의 사자 역할을 해야 할 교회가 도리어 갈등을 더 조장하기까지 하고 있다.

그리하여 지금 한국의 개신교는 국민 다수로부터 비난과 조롱의 대상이 되고 있다. 선지자와 사도 바울이 유대인들에게 한 말이 그대로 적용되는 것이다.

"하나님의 이름이 너희 때문에 이방인 중에서 모독을 받는도다"(사 52:5; 롬 2:24 - 마 5:16과 대조).

한국의 개신교가 이렇게 여러 면에서 사실상 중세 가톨릭교회로 환원하여 이런 부패의 지경에 이르렀으니 그것을 진정으로 종교개혁으로 탄생한 '개신교'라고 볼 수 있는가? 기독교 신앙에 대한 제대로 된 이해와 양식을 가지고 있는 모든 그리스도인은, 그중에서도 특히 그들의 목자들로 세움 받은 다수의 양심적인 목사들과 교회의 선생들로 부름 받은 책임 있는 신학자들은 진지하게 고민해야 할 때다. 지금 한국의 개신교에는 제2의 종교개혁이 절실히 필요한 것이다. 새로운 종교개혁을 위해서 한국의 개신교는 회개해야 하고, 신학을 제대로 세우고 목사들을 제대로 양육하여, 올바른 복음을 선포하고, 올바른 영성을 앙양하며, 복음에 합당한 삶(윤리)을 고취하도록 해야 한다.

하나님 나라의 백성 된 그리스도인들이 사랑의 이중계명으로 오는
하나님의 통치를 실제로 받고 삶으로써 세상에 소금과 빛 노릇을 제대로 하여
한국 사회를 의롭고, 화평하고, 건강하게 만들기를 바란다.

가이사를 얻으라!

바울의 선교 전략의 한 교훈 27

미주 한인 교회들의 신앙 열정은 많은 타 민족의 그리스도인들이 경탄할 정도다. 미주의 한인 교회들은 이제 한인들을 넘어서 주변에 함께 사는 타 민족들에게도 전도하기 시작했으며, 특히 해외 선교에 놀라운 열정을 쏟고 있다. 이러한 미국 내외의 왕성한 선교를 위해서 한인 교회들은 북미주가 제공하는 최상의 여건들과 편리를 잘 활용하고 있다.

미주의 한인 교회들은 또 북미주가 제공하는 편리를 한국의 교회들에 중계해 주는 역할을 함으로써 현재 한국 교회가 미국 교회 다음으로 많은 선교사들을 세계 방방곡곡에 파송하는 데 크게 기여하고 있다. 그러나 한인 교회들이 북미주가 제공하는 좋은 여건들을 활용하여 큰 선교의 효과를 거둘 수 있는 방법이 꼭 선교사들을 많이 파송하는 것밖에 없을까? 사도 바울의 선교 전략 가운데서 한 가지 교훈을 얻어 보자.

---

27 월간 〈미주목회〉 창간호(2005년 3월) "바울의 선교 전략의 한 교훈-가이사를 얻으라!"(190-203면).

Q. 로마서 15장에 나타난 바울의 선교 전략과 계획은 무엇이었습니까? 우리가 배워야 할 바울의 선교 전략을 말씀해 주십시오.

사도 바울은 AD 56, 57년 겨울에 고린도에서 로마의 성도들에게 편지를 썼다. 이 편지에서 그는 이제 막 완성된 로마제국의 동반부에서 자신이 펼치고 있는 선교사역을 이렇게 요약하고 있다. "예루살렘에서부터 빙둘러 일루리곤까지(전 지역을) 복음으로 꽉 채웠다. 이제 이 지역들에서는 더 이상 일할 곳이 없다"(롬 15:19, 23). 그래서 그는 여러 해 전부터 원하던 대로 로마로 가서 그곳의 성도들과 교제를 나누고 그들의 도움을 받아 스페인으로 선교하러 감으로써 로마제국 서반부에서 자신의 선교사역을 감당하겠다는 계획을 발표한다(롬 15:22-24).

바울 서신들에서 유추하거나 사도행전에서 살펴보건대 바울은 다메섹 도상에서 사도로 소명된 후(AD 32~34) 20여 년간 로마제국 동반부의 여러 도시들에서 선교하고 곳곳에 작은 교회들을 세우는 성과를 거두었다. 오늘 우리의 관점에서 볼 때 분명 그 성과는 놀라운 것이었지만, 그렇다고 바울이 말한 대로 로마제국의 동반부를 복음으로 꽉 채웠고 그리하여 그 지역에서는 더 이상 일할 곳이 없다는 것은 이해하기 어렵다.

이것을 이해하기 위해서는 바울 스스로 제공하는 두 가지 열쇠를 염두에 두어야 한다. 하나는 그가 자신을 개척 선교사로 보고 그리스도의 이름이 선포되지 않은 지역들에만 가서 선교한다는 원칙을 가지고 있었다는 것이다(롬 15:20-21). 그래서 그는 다른 복음 선포자들에 의해 이미 복음이 선포된 지역들에는 가지 않을 뿐 아니라, 새로운 선교지에서도 주로 복음을 처음으로 선포하여 교회를 세우고는 곧장 새 일터로 이동하였고 그곳의 교회를 세워 올리는 양육의 일은 다른 사역자들에게 맡겼다(고전 3:5-10). 바울이 예외적으로 고린도와 에베소에서 비교적 길게 머무르며 목회 활동을 한 것은 두 도시들의 전략적 중요성뿐 아니라 고린도교회의 복잡한 문제들을 바로잡느라 붙들려 있었기 때문이다.

바울의 언어를 이해하는 데 도움을 주는 또 하나의 열쇠는 그가 '첫 열매 원칙'으로 사고한 사람이었다는 것이다. "제사하는 처음 익은 곡식가루가 거룩한즉 떡덩이도 그러하고 뿌리가 거룩한즉 가지도 그러하니라"(롬 11:16). 바울은 유대인들에게 이 원칙을 적용하여 그리스도를 믿는 소수 유대인들을 하나님께 바쳐진 '첫 열매'로 보고, 그들이 바쳐졌으니 그들이 대표하는 유대 민족(떡덩이) 전체가 이미 원칙적으로 바쳐진 것이며 조만간 실제로 바쳐지리라는 확신을 표현한다.

바울은 자신이 이방인들의 사도로서 그리스도의 복음을 선포하여 이방인들을 하나님께 제물로 바치는 제사장의 직무를 받은 것으로 이해하며(롬 15:15-16), 곳곳에서 '아가야의 첫 열매'인 스데바나 집안(고전 16:15) 또는 '아시아의 첫 열매'인 에배네도(롬 16:5) 같은 '첫 열매'를 얻어 하나님께 바치고 교회를 세우는 일에 집중한 것이다.

이제 로마제국 동반부에서의 선교사역을 마무리하면서 바울은 그동안 그 지역의 마게도니아와 아가야에서 그렇게 세운 교회들을 하나님께 그 지방들의 '첫 열매'로 바치려는 것이다. 그리하여 바울은 그 교회들이 예루살렘의 성도들을 위해 한 헌금을 전달하기 위해 예루살렘으로 갈 때 그 교회들의 대표단들을 인솔하여 그들의 헌금과 대표단들, 그리고 그 대표단들이 대표하는 마게도니아와 아가야의 주민들 전체를 하나님께 바치려 하는 것이다(롬 15:25-29). 이렇게 하여 바울은 이사야 66장 18-21절을 비롯하여 여러 선지서들과 중간사의 유대 문서들에 나오는 '열방의 종말론적 순례 사상', 즉 종말에 열방이 시온에 자신들의 예물을 가지고 순례하러 와서 하나님을 예배하리라는 예언의 성취를 시위하려 한 것이다.

바울의 이러한 생각을 볼 때, 그가 로마제국 동반부의 여러 지역들에 세운 교회들을 각기 그 지역들의 '첫 열매'로 보고, 그 지역들의 '첫 열매'가 하나님께 바쳐졌으니 원칙적으로 그 지역들의 부족들 또는 주민들 전체가 이미 바쳐진 것으로 간주하고 조만간 실제적으로도 그렇게 될 것을 확신하면서, "예루살렘에서부터 빙둘러 일루리곤까지(전 지역을) 복음으로 꽉 채웠다. …이제 이 지역들에서는 더 이상 일할 곳이 없다"라고 말하는 것으로 이해할 수 있다.

로마서 15장 30-33절에서 바울은 로마의 성도들에게 자신과 이방인 교회들의 헌금 대표단들이 불신자 유대인들의 위협으로부터 보호받도록, 그리고 예루살렘교회가 이방인 교회들의 헌금을 기꺼이 받아들이도록 기도해 달라고 부탁한다. 바울은 하나님의 도움으로 이 헌금 전달과 이방인 신자들을 하나님께 바치는 임무를 잘 마치고, "기쁨으로" 로마에 가서 그곳의 성도들과 함께 "편히 쉬기"를 바라는 소망을 표현함으로써 로마서를 맺는다.

Q. 바울은 선교사역을 펼치는 중에 여러 가지 어려움을 겪었던 것으로 알려져 있습니다. 특히 바울이 로마의 유대 총독 벨릭스 앞에서 재판을 받게 되자 로마의 황제 가이사에게 상소(행 25:10-12)한 일이 있었는데요, 바울은 어떤 의도로 상소한 것일까요? 그의 선교 활동과 상소 사건은 어떤 관계가 있는지 자세히 설명해 주십시오.

바울은 기쁨으로 로마에 가서 그곳의 성도들과 함께 편히 쉬려고 했던 소망의 좌절을 맛보지 않으면 안 되었다. 그가 우려한 대로 불신자 유대인들의 손에 의해 예루살렘 성전에서 폭력을 당하고 그 일로 로마 군대에 의해 체포되어 가이사랴에 구금된 것이다(행 21:27-36; 23:12-35). 그리하여 바울이 가이사랴에서 로마의 유대 총독 벨릭스 앞에서 재판을 받게 되었는데, 벨릭스가 재판을 2년이나 질질 끌고, 또 그의 후임으로 온 베스도도 유대인들의 호감을 사려 하여, 바울은 공정한 재판을 기대하기 어려운 상황에 처하게 되었다. 그리하여 바울은 베스도에게 "유대인의 율법이나 성전이나 가이사에게나 내가 도무지 죄를 범하지 아니하였노라"(행 25:8)라고 주장해 봤자 헛된 것임을 알고, 자신의 로마 시민권을 활용하여 가이사에게 상소한다(행 25:10-12). 이리하여 바울이 로마로 압송되어 가이사에게 재판을 받게 된 것이다.

1970년대까지만 해도 불트만(Bultmann) 학파의 압도적 영향 아래 많은 비판적 신약학자들은 바울이 가이사에게 상소한 사건을 누군가가 꾸며 낸 소설로 생각했다. 그러나 1980년대 이래 사도행전의 역사적 가치가 더 높게 평가되는 추세를 반영하듯, 근래 가장 권위 있는 사도행전 주석(국제비평ICC 주석)을 쓴 영국의 신학자 바렛(C. K. Barrett)은 에른스트 핸첸(Ernst Haenchen) 등의 주장들을 반박하면서, 바울이 가이사에게 상소한 사건의 역사성을 옹호하였다. 더 나아가 바렛은 빌립보서가 이 맥락에서 쓰인 서신이라는 전통적 견해를 뒷받침하였다.

그러면 바울은 왜 가이사에게 상소하였는가? 또는 가이사의 재판을 통하여 무엇을 얻으려 하였는가? 바렛은 바울이 가이사랴에서 베스도에 의해 석방되어 봤자 유대인들에 의해 암살당할 위험이 큰 상황에서 가이사에게 상소함으로써 로마 군대의 호위를 받으며 로마로 안전하게 여행할 수 있으리라는 계산을 한 것 같다고 추측한다. 그러나 혹 그런 계산이 일부 작용했는지도 모르지만, 어찌 그것이 바울의 상소 이유의 전부이겠는가?

바울은 분명히 그 재판 과정에서 가이사에게 그리스도의 복음을 잘 설명하여 복음이 "유대인들의 율법이나 성전에" 어긋나지 않고, "가이사에게 죄가 되지 않음"을 확인받으려 하였음에 틀림없다(행 25:8). 이와 같이 바울은 '복음의 변증'을 위하여 가이사에게 상소하였는데(빌 1:16), 바울은 그 재판을 통하여 그리스도의 복음이 유대교의 완성임과, 기독교 신앙이 로마제국에 반역이 아님을 가이사에게 확실히 밝히고 그로부터 그것들을 인정받으려 하였다.

사실 바울은 AD 51년 가을쯤에 고린도에서 유대인들에 의해 로마의 아가야 지방 총독 갈리오의 재판정에 고소된 일이 있다(행 18:12-17). 그 때도 바울은 유대교의 율법에 어긋나고 로마법에도 어긋나는 가르침을 한다(행 16:21; 17:7 참조)는 죄목으로 기소된 것 같다. 그러나 갈리오는 유대인들의 고소를 물리침으로써, 바울은 무죄 석방되었고, 그가 가르치는 기독교는 범법성이 없음을 인정받은 것이다. 아마 이 갈리오의 판결이 판례가 되어 바울은 그 후 몇 년간 로마 정부의 핍박 없이 복음을 자유롭게 선포할 수 있었던 것 같다.

그러나 바울은 이제 유대의 총독들에 의해 재판을 받는 상황에서 갈리오의 판결 같은 것을 기대하기 어렵게 되자 로마의 황제에게 상소하고 있는데 이는 그가 가이사에게서 최소한 갈리오의 판결을 재확인받으려 한 것 같다. 그렇게 되면 로마 황제가 기독교를 유대교의 연속으로 본다는 것이고, 로마제국의 체제에 아무런 반역성이 없는 것으로 인정한다는 것이므로, 그리스도인들은 로마의 관원들로부터 핍박을 받지 않게 될 뿐 아니라, 율리우스 가이사 이래 로마법이 유대인들에게 제공한 많은 특전들을 누릴 수 있게 되는 것이다. 그리하여 기독교 선교는 자유롭게 전개될 수 있는 것이다. 바울이 가이사의 재판을 통하여 최소한 이 자유를 확보하려 하였을 것이다.

그러나 바울은 이 기대와 함께 더 큰 꿈을 품고 가이사에게 상소한 것 같다. 즉 그 재판 과정 중에 가이사에게 그리스도의 복음을 잘 설명하여 가이사로 하여금 복음을 받아들이고 그리스도를 믿게 하고자 하는, 즉 가이사를 그리스도를 위해 얻고자 하는 꿈을 가지고 있었던 것 같다(사도행전 26장의 '아그립바 왕을 그리스도를 위해 얻으려는 바울의 노력' 참조). 물론 이러한 결론을 단정적으로 내릴 수 있게 하는 직접적인 증거는 없다. 다만 여러 가지 방증들을 들어 그렇게 유추함이 무리가 아님을 보여 줄 수 있을 따름이다.

그 방증들로 내세울 수 있는 것들 중 하나는 앞에서 토론한 바울의 '첫 열매 원칙'이다. 바울은 한 지방 또는 부족에서 그리스도를 위해 얻은 첫 신자들을 그 지방 또는 부족 전체를 대표하여 하나님께 바쳐진 '첫 열매'로 보고, 특히 그들이 아가야의 스데바나, 브드나도, 아가이고의 집안들(고전 1:16; 16:15-17), 겐그레아의 뵈뵈(롬 16:1-2), 아시아의 에배네도(롬 16:5), 골로새의 빌레몬 집안, 데살로니가의 지도자들(살전 5:12-13) 등과 같이 사회적 위치로 말미암아 큰 영향력을 두루 끼칠 수 있는 사람들일 경우 그들의 선교 전략적 가치를 중시하였다(이 말은 바울이 부자들이나 권세자들에게 전도하는 일에만 집중했다거나, 가난한 자들에 대한 전도는 등한시했다는 말이 아니다. 고전 1:26-29; 7:21-22; 11:17-34; 갈 3:28; 몬1 등은 바울이 얼마나 예수의 정신을 받들어 가난하고 약한 자들을 중시했는가를 잘 보여 준다). 그러므로 바울이 로마제국의 대표인 가이사를 얻는 것에 대한 선교적 가치를 깊이 고려했을 것임을 충분히 짐작할 수 있다.

이전에 갈리오의 재판을 경험한 바울은 벨릭스 총독과 베스도 총독으로부터 재판을 받던 중 일개 로마의 지방장관들과 상대해서는 얻어 낼 것이 없으며 그 재판이 무의미함을 철저히 깨달았다. 따라서 그는 로마제국의 최고 통치자인 가이사에게 판정을 얻어 냄과 동시에 아예 복음으로 설득하여 그를 로마제국 전체의 '첫 열매'로 하나님께 바치려는 생각을 갖게 되었을 것임도 짐작할 수 있다.

바울이 가이사에게 상소한 시점은 그가 거의 60세쯤 되었을 때인데, 그 사이 3년 정도 가이사랴에서 감금되어 지내는 동안 자신이 원래 로마서 15장에서 밝힌 로마와 서반아까지(종교개혁가 존 녹스John Knox에 의하면

어쩌면 그 후 북부 아프리카의 로마제국의 남반부까지) 스스로 가서 복음을 선포하려는 계획을 수행하는 것이 현실적으로 점점 불가능함을 깨달았을 것이다. 그렇기에 그는 가이사를 로마제국 전체의 '첫 열매'로 하나님께 바침으로써 로마제국 전체가 원칙적으로 하나님께 바쳐지게 하고, 복음이 자유롭게 선포되어 로마제국의 전체 인구가 실제적으로 점차 주 예수 그리스도를 믿어 하나님께 바쳐지게 하려고 의도했을 것이다. 그는 그렇게 하는 것이 그의 선교사역에서 궁극적으로 이뤄야 하는 것이라고 생각했을 가능성이 크다.

현대의 개인주의적 사고방식에 따라 개개인에게 전도하여 회심을 얻어 내는 선교 방식에 익숙한 우리에게 바울의 '첫 열매' 원칙이나 바울이 가이사를 로마제국 전체의 '첫 열매'로 하나님께 바치려 했을 것이라는 선교사상은 생소하고 황당하게 보일 수 있다. 그러나 인간의 연대성을 현대인들보다 더 분명하게 이해하고 있었고, 부족의 족장이나 한 도시나 국가의 통치자가 미치는 영향이 오늘날보다 훨씬 절대적이었던 고대 사회에서 그러한 선교사상은 대단히 현실적인 것이었다. 이것에 대해 길게 논할 것 없이, AD 320년경에 로마의 가이사 콘스탄티누스가 그리스도를 믿어 하나님께 바쳐짐으로써 로마제국 전체가, 그리고 유럽 대륙 전체가 하나님께 바쳐지고, 이른바 기독교 세계(Christendom)가 이루어지게 된 것을 볼 때, 우리는 바울의 이러한 선교사상이 얼마나 현실적이고 지혜로운 것이었는가를 헤아릴 수 있다.

교회사가들은 콘스탄티누스의 회심이 기독교 선교에 끼친 공과(功過)의 양면을 즐겨 논하는데, 오늘의 관점에서 과(過)의 면을 더 부각시키는 사람들이 많다. 그러나 엄청난 핍박 가운데 처음 교회를 세워야 했던 고대 교회의 입장에서 볼 때 그것은 놀라운 하나님의 구원사적 선물이었음에 틀림없다. 그 고대 교회가 핍박받던 교회의 자리에서 금세 제국의 권세를 휘두르는 교회로 변신하여 날로 권력과 금력에 도취되어 타락해 간 것은 하나님의 선물에 올바르게 응답하지 못한 결과였다. 이는 오늘날 우리에게도 경고의 모범이 되고 있다.

빌립보서 1장 12-26절을 보면 바울은 가이사에 의한 자신의 재판이 사형선고로 끝날 가능성도 없지 않음을 알고 있었다. 그러나 그는 자신의 재판이 '복음의 변증'을 위한 것이라는 것, 그렇기에 정식 재판이 시작되기 전 자신의 구금 상황 때부터 그 구금으로 말미암아 어떻게 복음의 진보가 이루어지는가를 보고 기뻐하며, 그 재판의 전 과정이 복음의 진보를 가져오리라는 확신을 표현한다. 이 재판을 통하여 그리스도가 확실히 인정되도록(또는 영광받도록) 혼신의 노력을 다할 것이라는 굳건한 결의를 표현하면서, 설령 자신이 사형 언도로 죽는 한이 있어도, 그 죽음 자체가 자신의 무죄 석방의 경우와 마찬가지로 그리스도를 드러내고 영광 돌리는 계기가 되리라는 확신을 나타낸다. 그는 자신이 그 재판 때 주 예수 그리스도의 말씀에 따라 복음을 부끄러워하지 않고 그것을 담대히 증거할 것이며, 그러면 주 예수 그리스도도 종말에 하나님의 재판석에서 그를 변호할 것이려니와 지금 가이사 앞에서의 재판 때도 그가 해야 할 말을 성령을 통하여 가르쳐 주시리라는 것을 확신하고 있다(막 8:38; 13:11; 마 10:20, 32-33; 16:27; 눅 12:8-9, 11-12 참조).

빌립보서 같은 공개적 편지에서 바울 자신이 이 재판에서 가이사를 그리스도를 위해 얻으려 한다는 뜻을 표현할 수 없었던 것은 충분히 이해할 만하다. 사실 바울은 이 재판을 낙관할 수만은 없는 처지였다. 그는 다만 주 예수 그리스도의 말씀만을 믿고, 자신과 빌립보 교인들 같은 동역자들의 기도와 그 기도에 응답하며 주 예수의 약속대로 도와주러 오실 성령에 힘입어 자신이 무죄 석방되리라는 것을 믿음 가운데 확신하고 있을 따름이다. 여기서 바울이 무죄 석방을 얻으리라는 것이 '믿음'의 영역이라면, 더 나아가 가이사로 하여금 주 예수 그리스도를 믿도록 하겠다는 것은 그야말로 그의 '꿈'의 영역에 속하는 것이다. 그런 '꿈'을 바울이 가이사 앞에서의 재판을 앞두고 구금 상태에서 쓴 편지에서 드러내 놓고 언급하지 못한 것은 당연하지 않은가? 그러나 여기서 그가 계속 부르짖는 '복음의 변증', '그리스도가 영광받음', '복음의 진보'라는 구호 속에서 그 '꿈'을 엿볼 수 있다고 한다면 무리일까? 그리고 누가 온 세상 모든 민족을 그리스도를 믿어 순종케 하라는 하나님의 소명을 받은 것으로 확신하고 그 소명을 이루기 위해 로마제국 전체를 돌며 복음을 선포하여 모든 민족을 그들의 '첫 열매'를 통하여 하나님께 바치려 한 바울과 같은 '꿈쟁이'(visionary)에게 그런 '꿈'이 없었다고 부정할 수 있단 말인가?(롬 1:5; 15:15-21).

바울이 앞서 가이사랴에서 베스도 총독과 아그립바 왕 앞에서 재판을 받으면서 아그립바 왕을 그리스도를 위해 얻는 데 실패하였듯이(행 26:24-29), AD 62년경 로마에서 가이사 네로 앞에서 재판을 받으면서 네로를 그리스도를 위해 얻으려는 꿈은 무산되고 말았다. 그러나 그 꿈은 약 250년 후 가이사 콘스탄티누스가 주 예수 그리스도 앞에 무릎을 꿇음으로써 결국 실현되었다.

Q. AD 62년경 바울이 가이사 앞에서 재판 과정을 통하여 가이사를 그리스도를 위해 얻으려 했던 것, AD 320년경 가이사 콘스탄티누스의 회심으로 결국 그것이 이루어진 것, 즉 로마제국을 하나님께 바치려 노력했던 그를 보면서 우리는 그가 정말 위대한 선교사였음을 실감하게 됩니다. 그가 겪은 일련의 사건들이 오늘날 우리의 상황에서 어떤 선교적 시사점을 던져 주고 있습니까? 다시 말해 우리에게 주는 교훈은 무엇입니까?

바울의 선교사역은 한마디로 우리에게 '가이사를 얻으라!'는 메시지를 던져 준다. 필자는 오늘날 호전적 반기독교 정서를 보이는 중동을 비롯한 이슬람 세계, 힌두교의 르네상스를 꿈꾸는 10억 인구의 인도 대륙, 그리고 과격하게 세속화하며 탈기독교화하는 서방 세계를 생각할 때 가이사를 얻고자 하는 바울의 전략적 사고를 동반하지 않은 전통적인 선교 방식이 과연 얼마나 효과가 있을까 생각해 본다.

물론 그런 지역들에 선교사들을 보내어 그들이 개별적으로 또는 소규모 그룹을 대상으로 설교하고, 회심자들을 얻고, 교회를 세워 올리는 일은 선교의 가장 기본으로서 가능한 한 계속되어야 한다. 그러나 이슬람 세계와 같이 선교사들의 활동이 근본적으로 제한되어 있는 상황에서라면 그 일은 얼마나 더디게 이루어질 것인가? 선교사역을 군사적 그림으로 표현하는 것이 부적절함을 알면서도, 한 가지 유비점 때문에 할 수 없이 쓰자면, 그런 보병부대의 활약이 하늘이나 바다에서 미사일을 쏘아

적진을 한 방에 초토화하는 전법과 병행되지 않으면 승리를 얻기는 하늘의 별 따기만큼 어렵다는 것이다.

과연 오늘날 제2차 세계대전 후 유럽의 민족들을 화해시키고 유럽 공동체 또는 유럽연합을 이루어 낸 정치가들보다 더 큰 역량을 가지고 이스라엘과 팔레스타인 간, 아랍권과 서구권 간, 또는 전 세계의 지정학적 관계, 국제관계 등을 근본적으로 바꾸어 놓지 않고서야 어떻게 이슬람 민족주의와 힌두 민족주의를 극복하고 그들의 세계에 효과적으로 선교할 수 있겠는가? 국제관계를 자유와 정의와 평화와 공동 번영의 틀 안에서 새로 정립시킬 수 있는 탁월한 그리스도인 정치가들을 얻을 수 있다면, 그리하여 그로 하여금 이슬람 세계나 힌두 세계가 기독교 문명에 문을 열게 할 수 있다면, 교회의 선교에 얼마나 큰 도움이 될까?

오늘날 사우디아라비아의 왕이나 이란의 아야톨라를 그리스도를 위해 얻으려 하는 것은 바울이 가이사 네로를 얻으려 한 것보다 더 어려운 일이어서, 우리가 엄두를 낼 수 없는 것인가? 지난 1970년대까지만 해도 소련제국이 저렇게 하루아침에 무너지고, 그들의 공산주의가 서구식 자본주의적 물신주의로 바뀌리라고 누가 상상이나 할 수 있었겠는가? 마오쩌둥의 문화혁명이 전 대륙에 걸쳐 그 종교적 광기를 부리던 1970년대의 중국이 불과 20년 만에 공산주의 우상을 사실상 포기하고 사상적 개방을 실현하고, 어쩌면 단일 국가로서는 미국 다음으로 많은 수의 그리스도인들을 가지게 되리라는 것을 누가 상상할 수 있었겠는가? 자본주의적 물신주의가 이런 변화의 힘을 가지고 있다면, 전능하신 하나님의 구원의 복음은 얼마나 더 큰 힘을 발휘할 수 있을 것인가? 인본주의 정신이 그런 변화를 가져올 힘을 가지고 있다면, 전능하신 창조주 하나님의 신(성령)은 얼마나 더 큰 힘을 발휘할 수 있을 것인가?

분명히 성령은 복음으로 사우디아라비아의 왕도 이란의 아야톨라도 변화시키고, 서구의 무신론적/세속주의적 인본주의자들도 변화시킬 수 있다. 그러면 우리에게 무엇이 부족하여 서구의 옛 기독교 세계(Christendom)는 과격한 인본주의적 물신주의에 빠져 버리고, 이슬람 세계와 힌두 세계 등은 반기독교를 주장하게 되었는가? 그것은 근본적으로 교회가 '가이사 얻는 일'에 실패한 결과가 아닌가? 오늘날 교회가 이 세대로 하여금 유물론적 세계관을 버리고 기독교적 세계관과 기독교적 시대정신을 갖도록 설득할 수 있는 탁월한 신학자, 철학자, 천체물리학자, 생물학자 등 각 분야에서 여론을 지배할 수 있는 '가이사'를 배출하지 못하고, 도리어 비기독교적 또는 반기독교적 '가이사' 학자들로 하여금 인류 다수의 세계관과 시대정신을 규정하도록 방기하기 때문이 아닌가?

10여 년 전 스티븐 스필버그 감독의 영화 〈쉰들러 리스트〉가 상영되었을 때, 한국에서는 스필버그의 드림팀이 그 영화 한 편으로 얻은 수익이 현대자동차의 수만 노동자가 1년간 피땀 흘려 만든 자동차 수십만 대를 팔아 얻은 수익보다 많다면서 문화사업의 중요성을 설파하였다. 그러나 스필버그의 〈쉰들러 리스트〉의 가치는 돈으로 환산할 수 있는 것이 아니다. 그 영화는 좁게는 반유대주의(Anti-Semitism) 또는 유대인 학대의 죄악성에 대해서, 넓게는 인간의 비인간성에 대해서 적어도 수억 명의 인간들을 철저히 교육시키는 데 엄청난 효과를 거두었다. 같은 맥락에서

1970년대 미국 인권운동의 한 '주제가'였던 〈We Shall Overcome〉이라는 노래, 또는 한국의 민주화 운동의 한 '주제가'였던 〈아침이슬〉의 영향을 생각해 보라. 그런 단순한 노래들이 어떻게 한 세대의 시대정신을 규정하고 얼마나 많은 사람들의 태도를 결정했는지 생각해 보라.

바흐, 모차르트, 베토벤의 음악이 오고 오는 세대들에게 끼치는 영향을 생각해 보라. 작년에 독일에 돌아가 안식년을 보낸 필자는 다수의 유럽인들에게는 이제 기독교가 이런 음악가들의 음악으로만 남아 있음을 절실히 깨달았다. 성탄절이나 부활절에도 사람들은 예배하기 위해 또는 설교를 듣기 위해 교회에 가지 않는다. 그들은 교회에서 연주되는 바흐의 〈B단조 미사〉나 〈마태 수난곡〉, 헨델의 〈메시아〉를 들으러 가며, 그 음악들에서 복음을 접하고 설교를 들었다.

한 탁월한 그리스도인 음악가가, 한 탁월한 그리스도인 시인이, 한 탁월한 그리스도인 소설가가, 한 탁월한 그리스도인 화가가, 한 탁월한 그리스도인 대중음악가가, 한 탁월한 그리스도인 영화감독이 그들의 예술로 민족과 인종을 초월하여 얼마나 많은 사람들에게 복음을 선포하고, 복음에 합당한 시대정신 또는 기독교에 우호적인 태도를 갖도록 할 수 있는가? 교회는 그런 예술의 각 장르에서 '가이사'를 얻어야 하는 것이다.

모든 인간이 창조주로부터 공히 자유를 누리고 행복을 추구할 수 있는 인권을 부여받았다는 미국 독립선언서의 근본 사상은 그 문서를 작성한 토머스 제퍼슨과 그의 동료들 중 몇몇이 정통 기독교인들이라기보다는 계몽시대의 '자연신교 신도'(deists)였다고 하나, 나는 근본적으로 기독교적 사상의 표현이라고 본다. 그 사상은 미국의 해방을 가져왔고, 그리스도의 복음에 대한 깊은 통찰을 가지고 있었던 에이브러햄 링컨 대통령에 의해 흑인들에게도 적용되어 노예해방이라는 위업을 이루었다. 또 하나의 탁월한 그리스도인 정치가 우드로 윌슨 대통령에 의해 국제 간 또는 민족 간에 민족자결원칙(모든 민족은 자신의 운명을 스스로 결정할 권리가 있다)으로 적용되어 19세기 서방 열강의 제국주의를 종식시키고 약소 민족들의 해방을 촉진시켰다. 또 하나의 깊은 신앙심과 기독교적 지성을 갖춘 대통령 지미 카터에 의해 모든 인종과 종교와 문화를 초월하여 온 인류의 보편적인 가치로서의 인권 의식으로 표현되고 국제관계의 기본 가치로 확고히 설정되었을 뿐 아니라 한국의 민주화, 중국과 소련권의 민주화에 엄청난 공헌을 했다.

그들은 각기 자기 세대에 작은 '가이사'로서 그리스도의 정신을 구현하는 데 큰 역할을 하였고, 그들이 이룬 열매들을 미국인들뿐 아니라 온 세계 수십억 인구가 지금 누리고 있다.

오늘날 이슬람 세계, 힌두 세계, 물신주의적 서방 세계를 변화시키기 위해서는 토머스 제퍼슨과 그의 철학적 스승들보다 더 위대한 기독교적 사상가들이 필요하고, 링컨, 윌슨, 카터, 또는 윈스턴 처칠이나 프랭클린 루스벨트보다 더 위대한 기독교적 정치가들이 필요하며, 바흐나 헨델, 다빈치, 미켈란젤로, 또는 그뤼네발트보다 더 위대한 그리스도인 예술가들이 필요하고, 코페르니쿠스, 갈릴레오, 케플러, 뉴턴, 다윈 또는 아인슈타인보다 더 위대한 그리스도인 과학자들이 필요하다.

조지 W. 부시 대통령은 이라크를 민주화하여 중동의 이슬람 세계 전체에 개방된 민주화의 도미노 현상을 일으키고 전 세계의 이슬람권에 변화를 가져오겠다고 주장했다. 그의 기독교 신앙심과 정치적 비전은 의심의 여지가 없으나, 그가 과연 그 비전을 실현하여 이슬람 세계에 기독교 선교를 가능하게 할지는 의문이다. 우선 그는 겨우 큐티나 신실히 하고 경건 서적이나 읽는 정도의 그리스도인으로서, 링컨, 윌슨, 카터 정도의 기독교적 지성도 갖추지 못한 사람인 모양이다. 그런 그가 복음에 대한 깊은 이해와 복음과 문화의 관계에 대한 예리한 통찰을 갖춘 가운데 미국의 대통령으로서 역할을 제대로 해낼 수 있을까? 미국의 대통령이라면 모름지기 미국의 힘(도덕적, 지성적, 문화적, 경제적, 군사적 힘)을 잘 키우고 잘 활용할 수 있는 탁월한 경륜과 외교 및 정치술을 지녀야 한다. 하지만 그는 무력을 앞세워 이라크를 침공했다. 이런 방법이 도리어 아랍 민족의 이슬람 민족주의를 더 강화시키고 전 세계 이슬람교도들의 반기독교적 정서를 부채질하는 역효과를 내고 있지 않은가? 그의 방법은 "코란이냐 칼이냐?"의 구호를 내세우며 민족들을 무력으로 정복하고 이슬람교를 강요했던 무함마드와 그의 추종자들의 방법에 더 가깝지, 십자가의 자기희생을 통해 하나님 나라를 실현하고자 한 예수와 초대 교회(요한계시록도 마찬가지!)와는 근본적으로 다르지 않은가?

그렇기에 미국의 '가이사'는 단순히 그리스도에 대한 자신의 믿음을 확실히 천명함을 넘어서 좀 더 '복음에 합당한' 정치를 펼쳐야 미국의 에토스(ethos, 관습)도 보다 기독교적으로 변화시킬 수 있고, 전 세계에 기독교에 우호적인 환경을 만들 수 있을 것이다.

그러므로 교회는 학문과 예술 그리고 정치 등 다방면에서 세계관, 시대정신, 삶의 방식을 규정하는 '가이사', 그리하여 그리스도의 복음에 대한 사람들의 태도에 결정적으로 영향을 주는 '가이사'를 얻든지 아니면 스스로 배출해야 한다.

Q. 바울의 선교사역이 남긴 교훈을 통해 미주 한인 교회들이 어떤 역할을 할 수 있는지, 또 그들에게 주어진 기회를 어떻게 활용할 수 있는지 말씀해 주십시오.

바로 이런 맥락에서 미주에 있는 한인 이민 교회들이 큰 역할을 할 수 있을 것이다. 미국은 탁월한 인재를 양성하는 데 있어 그 어느 곳보다 좋은 환경을 제공하고 있다. 또 이곳에서 잘 훈련받고 자라는 우리의 2세들이 각 분야에서 두각을 나타낼 수 있는 달란트와 성취욕을 가지고 있음도 잘 알려진 사실이다. 그들이 미국의 좋은 환경과 제도를 활용하여 위대한 그리스도인 사상가 또는 문필가로 성장하고, 권위 있는 그리스도인 과학자로 성장하며, 전 세계에 영향을 끼칠 수 있는 그리스도인 예술가로 성장한다면, 그들을 통해서 그리스도의 복음이 얼마나 효과적으로 선포될 수 있을까? 그들 중 몇이 스티븐 호킹만큼 권위를 가진 천체물리학자가 되어 기독교적 세계관을 천명할 수 있다면, 그들의 복음을 위한 영향은 얼마나 클까?

그들 중 몇은 《해리포터》의 작가 조앤 K. 롤링처럼 베스트셀러를 쓰되, 기독교적 세계관과 정신을 표현하는 문필가들이 될 수 없는가? 셰익스피어, 밀턴 또는 괴테 같은 시인이, 도스토예프스키 같은 소설가가, 적어도 C. S. 루이스 같은 문필가가 나올 수는 없는가?

〈패션 오브 크라이스트〉(The Passion Of The Christ)라는 영화 한 편으로 수억의 사람들에게 감동적으로 설교를 한 멜 깁슨 같은 영화감독도 될 수 있지 않은가? 20여 년 전 찬송가 〈어메이징 그레이스〉(Amazing Grace)가 전 세계 대중음악계에서 널리 애창될 때, 필자는 향락과 퇴폐의 현상을 더 많이 드러내는 대중문화계에서도 기독교적 정신이 표현될 수 있고 커다란 영향을 끼칠 수 있음을 보았다. 우리의 그리스도인 자녀들 가운데 그런 시를 쓰고 음악을 만들 수 있는 인재는 나올 수 없는가?

Q. 미주 한인 교회는 이제 신학적으로 많이 성숙했습니다. 그만큼 미국의 한인 사회는 물론 미국인들에게도 선한 영향을 끼치고 있는 게 사실입니다. 그런 맥락에서 우리의 그리스도인 자녀들을 기독교적 영향을 미칠 수 있는 인재로 성장시키기 위해 미주 한인 교회는 어떤 역할을 해야 할까요?

필자는 미주 한인 교회들과 한인 그리스도인 가정들이 그런 인재들, 즉 각 분야에서 '가이사적' 영향을 끼칠 수 있는 그리스도인 인재들을 길러 낼 수 있는 기회를 가지고 있다고 본다. 그런 인재들을 길러 내기 위해서는 우선 우리의 자녀들에게 효과적인 신앙교육을 시키고, 하나님으로부터 큰 달란트를 받은 자녀들에게는 각 분야의 '가이사적' 인재가 되어 하나님께 영광을 돌리도록 커다란 비전을 심어 주고, 그 달란트를 최고의 교육으로 갈고닦도록 배려해 주어야 한다.

그러나 다수 미주 한인 교회들의 편협한 근본주의 내지는 경건주의적 신앙 행태는 이런 인재를 길러 내는 데 실패하고 있다. 다수의 한인 교회들은 아직도 영육의 이원론과 신앙과 이성의 이원론적 대립 구도를 극복하지 못하고 있다. 그리하여 전도하고 선교하여 회심을 얻는 일, 즉 '영혼' 구원 사업에만 집중하고, 그 나머지 문화, 정치, 사회, 경제 등에 관한 일들은 '세상적'이고 '육적'인 것들이라 하여 등한시한다. 신앙을 자꾸 신비롭게만 제시하여 이성의 건전한 비판 기능을 마비시켜 신앙을 미신화시킨다. 더구나 한창 하나님의 창조의 책(자연과 문화, 즉 일반계시의 책)을 열심히 공부해서 하나님의 구속사적 책(성경, 즉 특별계시의 책)의 진리와 잘 통합하는 법을 배워야 할 대학생들에게 학과 공부 열심히 하는 것을 개인의 세상적 영광을 구하는 행위로 여기게 하면서 성경공부 하고 기도하는 일만 강조한다.

열심을 보이는 교회의 대학생회 또는 대학생 선교단체들의 지도자들 대부분이 반지성주의적 경건주의와 율법주의에 빠져 복음에 대한 올바른 이해, 성경을 깊이 해석할 수 있는 능력, 깊이 있고 폭넓은 신학적 사고 능력을 갖추지 못한 채, 대학생들에게 성경공부랍시고 겨우 원시적인 '큐티'나 '귀납적 성경연구'를 제공하여 우리의 자녀들이 깊이 있는 기독교적 지성인들로 자라는 것을 막고 있다.

그리고 그들이 학기 중에도 매주 교회와 캠퍼스의 그 많은 집회들에 참석하느라 집중해서 공부할 수 없게 만든다. 어떤 학생들에게는 아예 학생의 본분을 저버리고 전도사가 되게 하기도 한다. 방학 때마다 무슨 신앙훈련 집회랍시고 그들을 불러 모아 열정적 설교들을 반복해서 듣게 하고, 해외에 선교사로 가는 것만이 하나님을 잘 섬기는 것으로 인식하게 오도하며, 선교지들을 방문하는 일에 시간을 다 쓰게 만든다. 너무나 많은 기독대학생들이 이런 원시적 신앙훈련에 시간을 다 써 버림으로써 깊이 있는 기독교적 지성인들로 자라지 못하고, 하나님으로부터 받은 자신의 달란트를 그냥 사장해 버림으로써 탁월한 학자나 전문인이 아닌 겨우 '중간치기'(mediocre)들이 되고 만다.

그리스도인 대학생들이 이렇게 반지성주의적인 영성을 가지고 공부를 등한시하는 사이 유대인 학생들과 불신자 학생들은 미국의 뛰어난 대학 시설을 최대한 활용하여 자신들의 지적 달란트를 최고로 개발함으로써, 각 분야의 탁월한 지도자들로 성장하고, 더러는 각 분야에서 '가이사적' 지도자들이 되어 이 세대의 시대정신을 규정한다. 그들이 규정한 시대정신이 반기독교적으로 나타날 때가 허다한데, 자기들 중 이런 영향력 있는 위치에 앉을 인재를 배출하지 못한 교회는 그들의 영향 아래 탈기독교화하는 서방 세계에서 힘겨운 투쟁을 하고 있는 것이다. 우리 그리스도인들 중 간혹 하나님으로부터 엄청난 은사를 받아 탁월한 학자나 전문인이 나와 큰 영향력을 끼칠 위치에 앉는다 해도, 깊은 기독교적 지성의 통합 훈련을 받지 못하여 겨우 조지 W. 부시 같은 지도자가 되어 하나님 나라에 대해 제대로 공헌하지 못하고 마는 경우를 종종 본다.

물론 20세기 복음주의 대학생 운동이 그들의 부족함에도 불구하고 세계선교에 이룩한 공헌들은 놀라운 것으로 칭송되어야 하고, 앞으로도 대학생들에게 해외선교나 국내 목회에 대해 비전을 갖도록 하고 자신의 소명을 확인해 보도록 자극하는 일은 계속되어야 한다. 그러나 동시에 그들에게 하나님을 섬길 수 있는 방법은 목사나 선교사가 되는 것만이 아니라 아주 다양하다는 것을 가르쳐야 한다. 그래서 자신의 달란트와 훈련에 따라 각 분야에서 소명의식을 갖고 하나님을 섬기는 큰 비전을 보도록 해야 한다.

누구는 탁월한 변호사가 되어 약자들의 인권을 보호하는 일을, 누구는 정치가가 되어 사회정의와 평화를 증진시키는 일을, 누구는 선생이 되어 어린이들에게 주신 하나님의 지적 은사를 개발하는 일을, 누구는 화학자가 되어 새로운 약을 개발하는 일을, 누구는 의학자가 되어 암이나 에이즈 치료법을 개발하는 일을, 누구는 예술가가 되어 삶을 아름답고 바르고 풍요롭게 하는 일을, 누구는 엔지니어가 되어 삶을 안전하고 평안하게 하는 일을, 누구는 사회사업가나 상담가가 되어 어려움에 빠진 이들을 돕는 일을 함으로써 이웃을 섬기고 공동체를 세워 올려 하나님께 영광 돌리도록 해야 한다. 그들이 이런 다양한 일터에서 그리스도인 사역자들로서 유능하고 성심껏 섬김으로써 주 예수 그리스도의 구원이 부분적으로나마 실현되게 하고 그리하여 주 예수 그리스도를 증거하는 것도 중요한 소명임을 가르쳐야 한다.

이들 모두에게 생생한 개인적 신앙의 바탕 위에 그리스도의 복음에 대한 깊은 이해와 일관성 있는 기독교적 세계관과 가치관을 갖추어 신학적으로 사고할 수 있도록 훈련하고, 투철한 소명의식을 가지고 온 세상에 대한 포괄적인 선교를 감당하게 해야 한다. 이런 훈련을 받은 많은 보통 그리스도인 일꾼들은 그리스도의 '개미군단' 또는 '보병군단'이 되어 조금씩 조금씩 그러나 꾸준히 사회를 변화시키고 기독교 문화를 이룩해 갈 것이다. 그러나 하나님으로부터 탁월한 은사를 받은 몇 천 명은 우리가 잘 기르기만 하면 자기 분야에서 큰 영향력을 행사하는 지도자가 될 수 있다. 또 그중 몇 명은 아예 '가이사적' 인물이 되어 '핵무기급' 변혁을 일으킬 수도 있다. 그들은 수많은 사람들의 세계관과 시대정신과 역학관계에 영향을 주어 그들로 하여금 그리스도의 복음을 더 잘 받아들이도록 할 수 있다.

우리는 특히 이런 일꾼들을 기르는 일에 착안해야 하는 것이다. 우리의 자녀들 중 하나님으로부터 탁월한 과학의 은사를 받은 자들이 제대로 공부할 수 있도록 도와 그들 중 한두 명이라도 석유와 가스를 대체할 수 있는, 값싸고 깨끗한 에너지원을 개발하게 한다면, 그것은 선교에 가히 '가이사'급 공헌을 하는 것이 된다. 그들의 연구 결과가 온 지구와 지구상에 사는 인류와 모든 생물들에 가져올 축복은 가히 상상하기도 어렵다. 그것의 최소한의 효과는 지금 저렇게 강고한 이슬람권을 뒷받침하는 힘인 석유와 가스의 전횡을 무력화하는 것으로 나타날 것이다. 그리하여 그것은 이슬람권의 개방을 촉진할 것이며, 비로소 교회의 선교를 가능하게 할 것이다.

한국 교회가 이제 그런 '가이사'급의 과학자들을 몇 명이라도 길러 내는 일에 '영적 전쟁' 운운하며 '땅 밟기' 운동하러 무슬림 지역으로 자녀들을 끌고 다니는 샤머니즘적인 선교에 쓰는 열성과 에너지의 반만이라도 쓴다면, 그것은 하나님 나라에, 세계 선교에 얼마나 큰 공헌을 할 수 있을 것인가?!

맺는 말

미주의 한인 교회들은 다양한 방법으로 그리스도 교회의 선교에 크게 이바지할 수 있는 위치에 있다. 세계 곳곳에 미국이 제공하는 편리를 이용하여 선교사들을 많이 보내는 것도 한 방법이고(그 일은 지금 우리가 꽤 잘하고 있다), 거기에 더하여 미주의 한인 교회들은 이제 각지와 각 분야의 '가이사'를 얻는 일에 힘써야 하고, 특히 우리의 자녀들을 각 분야에서 그리스도를 위하여 '가이사적' 영향력을 행사할 수 있는 지도자들로 키워 내는 일에 힘써야 한다. 그것을 위해서 북미주는 세계 어느 곳보다 더 좋은 환경을 제공하고 있다. 이 좋은 여건을 잘 활용해서 우리의 2세, 3세들을 각 분야에서 그리스도를 위한 '가이사적' 인물들로 길러 내기 위해서는, 미주의 한인 교회들이 이제 근본주의적/경건주의적 소극주의에서 벗어나 좀 더 성숙한 신학적 이해와 좀 더 포괄적인 선교적 이해를 가져야 하며, 보다 효과적인 교육 프로그램을 개발하여야 하고, 해외에 선교사들을 파송하는 것만큼의 열정과 비용을 인재 양성에 쏟아야 한다. 그렇게 할 때 오늘날 탈기독교화하는 서구 사회를 변화시키고, 이슬람 세계와 힌두 세계에 효과적인 선교의 가능성을 열 수 있을 것이다. 특유한 신앙 열정을 가진 미주 한인 교회가 그렇게 함으로써 세계 교회의 총체적 선교에 더 크게 이바지하기 바란다.

바른 신앙생활은
복음을 올바로 이해하고 그것에 합당하게 사는 것이다.